A. ALHAIZA

# LE CULTE
de
# DIEU-ESPRIT

## Dans le dualisme universel Esprit matière

1 fr. 50

LIBRAIRIE MARCEL RIVIÈRE ET Cie
1913

# LE CULTE

DE

# DIEU-ESPRIT

A. ALHAIZA

# LE CULTE
de
# DIEU-ESPRIT

## Dans le dualisme universel Esprit matière

PARIS
LIBRAIRIE DES SCIENCES POLITIQUES ET SOCIALES
MARCEL RIVIÈRE ET Cie
31, rue Jacob et rue Saint-Benoît, 1

1913

# INTRODUCTION

Le dualisme Esprit-Matière que je démontre depuis vingt ans dans mes écrits (1), comme s'étendant intégralement à toutes les branches de la connaissance et à la vraie notion de Dieu, n'a pas encore, que je sache, fait un pas dans l'esprit des philosophes, des savants, des théologues surtout. C'est pourtant cette élite intellectuelle qui serait qualifiée pour se ranger, avant tout le monde, à cette doctrine cosmologique et théologique de l'immanent dualisme des deux principes coéternels Esprit et Matière en réciproque étreinte universelle.

Il ne suffit pas, je le sais bien, qu'un livre paraisse pour qu'il soit connu ; il ne suffit pas davantage que des exemplaires en soient adressés, même avec dédicace, aux personnages signalés dans le genre d'étude abordée, pour que ce livre soit examiné. Ces savants, ces intellectuels en vue n'ont pas le loisir, ni d'ailleurs le temps matériel de lire les ouvrages que de partout on leur décoche à cause de la notoriété de leurs noms ; ou bien, si, par cas, ils prêtent un instant d'attention à l'idée particulière qui leur est soumise, leurs convictions arrêtées ou leurs théories propres ont tôt fait de tourner le dos à l'importune nouveauté.

Puis, en un tel sujet que celui des causes premières

(1) Catéchisme naturaliste, E. Mendel, Bruxelles 1889. Catéchisme dualiste, G. Carré, Paris 1892. Cosmogonie dualiste, Paris 1899. Synthèse dualiste universelle, H. Daragon, Paris 1910.

de l'Univers et de la Vie, lorsque les plus attitrés maîtres de la science et de la pensée risqueraient de perdre leur prestige à heurter une assise philosophique et scientifique aussi généralement admise à présent que le principe de l'unitarisme universel, comment un simple inconnu sans situation et sans patronage serait-il écouté ?

Enfin, dans le fatras des publications innombrables qui, journellement, se déversent devant un public blasé, pour disparaître presque aussitôt afin de faire place à d'autres, quelle chance y a-t-il pour qu'une abstraite théorie dualiste et un sentiment religieux intrinsèque cachés dans un humble volume de passage, échappent à l'indifférence générale ?

Vaut-il donc la peine que je refasse un nouvel exposé du dualisme intégral que je conçois ? — Non, sans doute — Et pourtant je reprends ma plume malgré moi entraîné à repasser une dernière fois très succinctement, et ne serait-ce que pour moi seul, le saisissant enchaînement de preuves logiques et scientifiques, avec leur mutuelle déduction religieuse, d'un dualisme universel dont l'évidence et la clarté font ma constante admiration. Je dirai plus : je ne puis comprendre qu'une réalité aussi visible n'ait pas d'elle-même et de tout temps rallié les esprits observateurs.

Ainsi, se peut-il qu'entre les diverses appréciations qui me sont parvenues sur ma doctrine, aucune ne l'ait franchement approuvée, n'ait opiné pour l'universelle vérité dualiste, pourtant si frappante d'elle-même ?

La raison de cela serait-elle que le seul besoin d'envisager et exprimer d'UN mot l'image de l'univers, de la nature entière, ait conduit à n'admettre qu'UN principe, qu'UN seul facteur de tout ce qui est ? Mais ce simplisme mental serait peu explicatif, et d'ailleurs, le monde philosophique et religieux connut à toute époque une certaine conception dualistique : les principes du Bien et du Mal ; les pouvoirs Créateur et Destructeur ; le dualisme même de l'Esprit et de la Matière. C'est cette première conception toute métaphysique et idéale que le monothéisme religieux d'un Créateur et plus encore le monisme philosophique et savant d'aujourd'hui ont, de parti pris, abaissé devant le dogme unitaire.

Or, ce n'est pas un simple dualisme idéal, aussi facilement nié qu'affirmé ; c'est une cosmogonie, une physique, une biologie, une conception religieuse dualistes qui se présentent ici dans un ensemble de constatations probantes, constatations que, dans la voie ouverte, les savants et les philosphes de l'avenir étendront à toutes les branches de la connaissance et de la pensée humaines. Ils corroboreront ainsi, chacun dans sa compétence particulière, l'intégrale vérité dualiste où les attributs distincts de chacun des deux principes, en action ou réaction, font l'aspect mouvementé et donnent l'explication de la Nature évoluante ; tandis que l'unitarisme n'impliquerait logiquement que stagnation et stérilité, sans finalité aucune.

— Mais, pourra-t-on m'objecter, pourquoi voulez-vous qu'une question aussi subtile que peu urgente pour le monde affairé d'aujourd'hui, telle que le dualisme ou l'unitarisme universel, attire et mérite l'attention de vos contemporains ?

A cette observation judicieuse, bien que légère, je répondrai qu'au temps de Copernic on pouvait de même s'imaginer que peu importait pour les affaires humaines que la Terre tournât ou ne tournât pas autour du Soleil. Et cependant la science, la philosophie, le dogme, sources de la vie intellectuelle des sociétés, furent, par la seule énonciation copernicienne, complètement retournés et dirigés dans des voies nouvelles. Or, le dualisme intégral démontré a autant d'importance scientifique et morale que la constatation héliocentrique, et c'est une évolution non moins décisive qui suivra l'évidence reconnue du dualisme Esprit-Matière en cosmologie, physique, biologie et théologie ; ce sera tout un renouveau de la connaissance et de la pensée humaines, car tous les essors possibles de l'esprit et du sentiment se trouveront, par cela seul, redressés et exaltés, et une commune et sûre base de réalité morale et matérielle sera offerte aux édifications scientifiques et aussi aux élans du sentiment religieux.

Sans être un Copernic, on peut pourtant, au hasard des recherches et des méditations, avoir rencontré une vérité délaissée qui n'attendait que d'être dégagée, pour faire ensuite, et d'elle-même, son chemin. C'est présentement le cas de la notion du dualisme intégral, non plus restreint à son premier sens métaphysique, mais étendu à la science positive tout entière désormais mieux orientée, sous le jour apparu des essentielles causes premières.

Copernic, conscient de l'opposition qu'allait soulever la nouveauté de son système, demandait à ne convaincre, ne fût-ce qu'un seul homme. Et, en fait, il se passa bien des années avant que la vérité qu'il apportait triomphât de l'erreur dominante. C'est assez le sort réservé aux plus importantes découvertes.

La valeur d'une hypothèse, puisque le dualisme intégral n'est pas autre chose pour le moment, peut toujours être contestée. Mais on sait aussi que les avancements scientifiques vont d'abord d'hypothèse en hypothèse, délaissant celles qui égarent, jusqu'à la rencontre de celles-là que corroborent enfin toutes les expérimentations possibles, et qui, apparaissant comme seule raison de tout ce qui concorde avec l'idée conçue, autant que de tout ce qui en diffère, prend alors le caractère et le nom de loi naturelle. La question ici est donc de voir, après sévère et consciencieux examen, si le dualisme universel présente ce caractère certain de loi naturelle générale et absolue. C'est ce dont j'espère convaincre d'autres encore que moi.

Cette loi féconde, une fois reconnue, aura par dessus tout l'indicible avantage d'apporter une indéfectible assise de vérité positive au dogme purement spirituel ou divin jusqu'ici continuel sujet de divisions entre les hommes. Elle préparera le ralliement universel à un culte, cette fois dégagé des incompatibilités logiques et scientifiques existant dans toutes les religions passées et présentes ; à un culte gardant toujours cependant le charme mystérieux du langage mystique des symboles et des offices pieux, mais remonté à sa haute source de pur sentiment du divin en toutes ses manifestations intérieures et extérieures nécessaires à la nature humaine, et dans l'accord de la raison et de la foi.

Moins qu'une atteinte aux cultes existants, c'est une nouvelle élévation du sentiment religieux qu'apporte l'affirmation de Dieu-Esprit dans le dualisme universel. Entre l'irréligion et l'admission de dogmes heurtant toute raison, le choix est pénible pour les âmes droites et éclairées, qui devant l'amoralité publique grandissante, en appellent malgré tout à la religion. Dans cette angoisse, mettre l'accord entre le sentiment religieux et la vérité naturelle et universelle, représente certainement le plus grand bienfait moral qui soit aujourd'hui désirable.

A. A.

# PREMIÈRE PARTIE

## L'Espace. — Le fini et l'infini

Il est naturel que nous commencions par examiner la réalité scientifique du dualisme universel. Or, un sujet de cette ampleur demande à être d'abord considéré dans son plus grand ensemble, celui que tout le cosmos accessible à la connaissance humaine nous permet d'embrasser. Ensuite, nous promènerons un regard attentif et rapide sur les diverses branches de la science, en ce qu'elles ont de plus général et positif. Après cela, nous en viendrons aux constatations purement rationnelles et logiques lesquelles s'imposeront pour ainsi dire d'elles-mêmes à la conviction des esprits soucieux avant tout de pure vérité. Et, quant aux déductions morales et religieuses que comporte le dualisme intégral, nous les réserverons pour la fin.

Cependant avant de donner une sommaire description cosmogonique, voyons d'abord en quoi consiste le milieu universel où se forment et se meuvent les globes disséminés dans l'espace. La conception atomistique, laquelle se démontrera du même coup, va nous rendre logique et tangible la conception spaciale :

L'infini de l'espace, qui n'est tel que parce qu'un océan sans fin d'atomes sans nombre constitue cet espace ne saurait être qu'infini parce qu'aucune limitation n'est possible ni même concevable pour cet océan spacial, tout confin supposé admettant forcément, au-delà, d'autre espace encore et toujours. Et cet océan spacial lui-même serait inexistant si une substance quelconque, si impondérable qu'elle puisse être, ne lui donnait consistance et étendue. Cette substance, c'est la matière atomique à l'état éthéré qui la constitue. La nécessité logique de la substance atomique s'est dès la plus haute antiquité imposée à la méditation des penseurs. Et, si l'on croyait voir là une pétition de principe, que l'on veuille bien réfléchir à l'impossibilité logique d'échapper au dilemme : être ou ne pas être, ainsi qu'à cette axiomatique évidence que si l'univers spacial est, il consiste nécessairement en quelque chose de concevable; le rien, le néant, n'étant qu'une pure imagination, un jeu de l'esprit qu'il faut laisser aux philosophes idéalist[illegible] non-être, incertains même de la réalité de leurs personnes.

Le lecteur à qui les constatations expérimentales ou mentales sensibles et logiques ne suffiraient pas, chez qui le sens primitif des choses de la nature visible et tangible ferait place à la licence des édifications métaphysiques bâties de simple idéal, celui-là n'a qu'à fermer ce livre où l'on a voulu, avant tout, s'abstraire de l'irréel.

L'existence de l'atome, bien qu'invisible, s'impose à la raison par l'absolue nécessité, pour tous les corps de la nature, d'avoir pour base un premier élément, par l'impossibilité absolue qu'il y ait des objets se formant, se transformant sans cesse, et construits de rien. Que cet élément premier de la matière soit un abîme de petitesse, qu'il échappe aux ordinaires moyens scientifiques de constatation directe, cela n'infirme en rien la nécessité de l'existence de l'atome.

Parler ainsi de l'atome, c'est avoir admis déjà la réalité de la matière, et nous ne saurions passer outre en cette démonstration cosmogonique où le principe matériel constitue un des deux facteurs dualistes, sans être assurés que la matière existe. Or, cette constatation demande à être positivement établie, car la réalité de la matière a été systématiquement contestée, et même aujourd'hui plus que jamais, la physique de notre temps ne roulant plus que sur l'énergétisme. Seuls pourtant l'atome matériel primordial et son indivisibilité propre et nécessaire, expliquent physiquement l'indéniable existence d'une substance universelle, et ces réalités logiques ne sauraient être substituées par l'idéale conception d'une intangible énergie n'opérant que sur elle-même. On nous dit bien que ce que nous appelons la matière, dans les divers corps de la nature, ne représenterait que l'immobilisation de courants d'énergie se neutralisant par l'équilibre de leur rencontre, et par opposition réciproque. Mais, que sont ces courants, ce mouvement sans chose mue, ne transportant qu'eux mêmes et leur intangibile énergie électrique ou autre ?

Reconnaissons que c'est à l'imaginaire principe de la divisibilité indéfinie de la substance universelle que remonte la theorie énergétique négatrice de l'atome matériel. L'idée en est renouvelée des Eléates et déjà mère de de la théorie scientifique actuelle, qui semble avoir été influencée en cela par la métaphysique des Leibnitz, des Kant, des Fichte, avant de s'être précisée scientifiquement aussi sous l'aspect du monisme de Haeckel et de toute la nouvelle école de l'unité de principe universel. Il se comprend, en effet, qu'une fois admise l'idéale divisibilité de la matière, poussée à l'infini, il n'y a plus d'atome fini et, par conséquent, plus de matière consistante et tangible en soi. Mais la réalité est toute autre. S'il existe des corps à volumes et contours arrêtés et finis, c'est parce qu'un élément fini les constitue, parce qu'une unité tangible, et non pas s'évanouissant toujours dans une insaisissable divisibilité à l'infini, est à la base de la ma tière. Cette nécessité logique d'une unité composante s'impose même aux physiciens énergétistes dont les analyses de laboratoire ne peuvent se passer de l'admission d'une unité première qu'ils font naturellement énergétique et qui serait l'électron. Toutefois, lorsque les mêmes physiciens constatent les coefficients de plus en plus identiques par lesquels se multiplient entre eux les corps dits simples, ne devraient-ils pas voir là, de même que dans l'expérimentale constance de poids de la matière, un fait ne pouvant concerner que des atomes matériels et égaux, et non l'entité énergétique ? Rien ne pouvant être fait de rien, il faut bien que l'univers visible et tout ce qui s'y agite aient une consistance réelle, en dépit de toute subtilité théorique, consistance matérielle dont les atomes finis et irréductibles sont les unités composantes et que Newton définissait : « des corps durs incapables de se déformer ».

La négation de la matière ne mène à rien autre qu'à du vain idéalisme, le même d'ailleurs que cette autre négative, la négation de l'infini, simple spéculation de mots, mais qui n'en a pas moins conduit à voir s'édifier tout un système physique sur la mathématique de *l'indéfini* seulement, ce dernier et non *l'infini* étant, paraît-il, seul concevable. C'est ce que croient démontrer sans réplique ces mathématiciens de l'indéfini, en disant entre autres raisons : « Une série infinie de nombres simples, et une autre série infinie des carrés de ces nombres simples formeront deux infinis inégaux : absurdité alors de la notion de l'infini ! » inconcevabilité du nombre infini que change à volonté la conception, soit de la moitié, soit du double de cet infini !

La réfutation de ce raisonnement spécieux est aisée : ce qui est réellement inconcevable n'est-ce pas plutôt que les nombres, de même que l'espace ou le temps, puissent admettre des limites, sans d'autre espace, d'autre temps, d'autres nombres au-delà de la limite conçue, si loin que sans cesse on la reporte. ?

L'étendue infinie de l'espace, des nombres ne peut donc pas, au contraire, ne pas être. Il n'y a pas de dialectique subtile qui puisse empêcher ce qui est évident par soi-même. Ce qui est non moins évident, c'est que l'infini n'est pas une mesure ni un nombre, quoiqu'il contienne en lui-même tous les nombres arrêtés et toutes les dimensions, et il ressort de là que les philosophes des seuls fini et indéfini numériques se sont simplement refusés à voir l'incalculabilité de l'infini qui n'est pas un nombre, les nombres arrêtés étant seuls en cause dans leur spéculation sur l'indéfini.

On comprendra qu'au début de cet exposé il soit essentiel d'appuyer particulièrement sur la notion de l'infini et celle du fini, condition de la réalité de la matière, car il ne servirait de rien d'avancer dans la démonstration dualiste si le fini matériel, c'est-à-dire la matière elle-même pouvait continuer d'être mis en doute, nié en faveur d'une théorie d'énergétisme où l'énergie électrique ou autre, où le mouvement ne meut rien que soi-même.

Et ne quittons pas ce point capital de la réalité et du fini des atomes infinis en nombre, sans y ajouter une remarque laquelle a aussi son importance et sa valeur : celle que l'idée de nombre n'existe, en notre intellect que parce que son unité de base n'est que l'image en notre cerveau de l'unité matérielle atomique et de ses assemblages et combinaisons en toute formation matérielle. Notre être, esprit et matière, n'est-il pas en tout, effet et représentation de l'existence universelle ? Les nombres qu'abstraitement nous énonçons et calculons dans l'arithmétique, la géométrie, la chimie ne sont que reflet mental en nous des réalités effectives des groupements atomiques, avec la même possibilité de dispositions multiplications, et figures que peuvent prendre physiquement les agencements d'unités atomiques où l'esprit ne peut que découvrir les lois naturelles du calcul, sans rien inventer. Pythagore, en voyant l'univers résulter de réalisations exclusivement numériques, avait eu le premier la perception de la loi des nombres concordant avec toutes les autres lois naturelles.

Nous sommes donc fondés à affirmer que la notion de fini, comme celle d'infini, s'applique en même temps à la matière atomique universelle et aux nombres qui en sont une énonciation mentale, le tout comportant à la fois le fini et l'infini : le fini irréductible de l'unité première atomique ou numérique et de ses composés ; l'infini toujours fuyant et sans autre concevabilité autre que l'illimité.

Et qu'on ne se prévale pas maintenant de la possibilité idéale de pousser à l'infini, au-dessous de l'unité, le calcul des fractions, pour douter encore de l'indivisibilité de l'unité atome. Les subdivisions arithmétiques facultatives, reflet, en dessous de l'unité, les multiplications infinies d'au-dessus, possibles pour les unités composées sur lesquelles on opère en pratique, ne le sont plus pour l'unité atomique indéfectible dont nous avons reconnu la logique nécessité. Aucune réalité physique ne correspondrait plus à cette disparition de l'atome, par fractionnement poussé à l'infini.

L'espace universel est, répéterons-nous, un océan sans limites constitué par une substance réelle, sans quoi ce serait le néant ; et le néant, le rien ne pouvant être, il faut bien que l'océan spacial soit de consistance quelconque, comme le vide apparent qui entoure notre Terre est fait d'air contenu lui-même dans l'océan éthéré. Seulement cette substance éthérée est d'une telle ténuité qu'aucune analyse de laboratoire ne la peut constater, ce qui n'enlève rien d'ailleurs à sa nécessaire existence universelle. Répétons donc encore une fois que cette consistance éthérée a un composant premier, un élément fini qui est l'atome, lequel, à divers degrés de condensation constitue toutes les édifications effectives que reconnaît la physique et que mesure la géométrie. Et ces corps et figures ont, disons-nous, des équivalences mentales dans la mathématique laquelle n'est exacte que si elle correspond à des réalisations physiques, matériellement ou virtuellement existantes.

Les physiciens de l'énergétisme ont beau nous dire que cet atome nécessaire est une simple vibration de l'éther ; mais alors, de l'éther, qu'en font-ils ? Il ne leur a même pas manqué les savantes expérimentations du Docteur Le Bon qui assure avoir dissocié de la matière, l'avoir *dématérialisée* et rendue à l'éther impondérable, d'où il conclut à une véritable inexistence de la matière.

Mais l'éther étant lui-même la substance atomique de l'océan spacial, substance qui se ramasse et se condense dans les divers corps matériels, il se trouverait alors, qu'en ce fait de dissociation, il n'y aurait donc qu'une simple transformation matérielle comme toutes celles que constate la physique et qu'opère la chimie, mais cette fois-ci allant jusqu'à la réintégration éthérée.

L'impondérabilité atomique ne signifie nullement inexistence. Pour nous faire quelque idée de la petitesse de l'atome, songeons que notre œil, en percevant la couleur violette, subit, dans une seconde de temps, 700 trillions d'ondes de l'éther. Or, la perception sensible de ces ondes serait-elle possible si elles étaient dépourvues de consistance matérielle ? Et ces ondes, qui se précipitent à la vitesse de 300000 kilomètres à la seconde, se mesurent par les physiciens, malgré l'inconcevable petitesse de leur dimensions ! Mesure-t-on des longueurs d'énergie ? Quelles seront donc alors les dimensions des éléments, des atomes composant la matière de l'organe visuel qui perçoit ces infinitésimaux contenus dans une simple émission de couleur ? Devant l'abîme de l'infiniment petit ne nous étonnons pas que nos sens relativement grossiers, et même nos plus délicates opérations chimiques de laboratoire, n'atteignent pas l'atome qu'elles ne peuvent à peine que constater par des coefficients de combinaisons expérimentales. L'observation sensible doit ici céder le pas à la vision intellectuelle. Or, cette vision rationnelle nous montre indéniablement le milieu universel comme un océan infini de substance éthérée et matériellement atomique, au sein duquel toutes les formations cosmiques sont constituées de condensations aux degrés et volumes les plus divers de cette même substance éthérée d'où vient tout corps matériel et où retournent toutes les dissolutions complètes. C'est ce qu'avait déjà idéalement pressenti le phillosophe Anaximène de Milet assurant que toute chose venait de ce qu'il appelait l'atmosphère infinie et y retournait.

## L'Univers sidéral

Pour superflu qu'il puisse paraître de rappeler un tableau aussi connu de tout le monde que celui de l'ensemble de notre univers sidéral, c'est pourtant ce qu'il convient le mieux que nous considérions à présent que nous avons reconnu la condition matérielle de l'océan spacial que peuplent soleil, planètes et autres formations cosmiques. Nous serons mieux disposés ensuite à entrevoir que ces diverses masses matérielles consistent en concentrations sporadiquement assemblées de la substance éthérée ambiante, et que les mouvements dont elles sont animées ont une cause déterminante qui est extérieure au principe matériel atomique seul envisagé jusqu'ici.

L'astronomie est la plus ancienne des sciences ; et comment l'intelligence humaine, à son premier éveil, ne se serait-elle pas d'abord tournée vers le spectacle étonnant et toujours varié des astres du firmament ? Comme il est naturel, ce fut au seul témoignage des sens que s'en rapportèrent les premiers hommes. Aussi, à côté de quelques observations précises d'une très haute antiquité, n'est-ce que fausseté d'appréciations cosmologiques que présente l'astronomie ancienne ; et il faut arriver aux temps modernes pour qu'avec les Copernic, les Galilée, les Képler, les Newton, l'astronomie présente cette fois le caractère de science exacte, du moins en ses assises générales, qu'aucune observation ultérieure n'a pu depuis ébranler.

C'est d'abord l'astre du jour, notre glorieux Soleil si admirable et bienfaisant, que la première humanité en fit son Dieu ; puis son cortège de planètes dont notre sphère terrestre fait partie à un rang modeste, puisque plusieurs de ses compagnes sont beaucoup plus importantes : Neptune plus de cent fois, Saturne sept cents fois, Jupiter quatorze cents fois. De petits globes satellites les accompagnent, et la masse totale des planètes et satellites de notre système ne se trouve représenter que la six-centième partie de celle du soleil. Le système entier occupe dans le ciel un espace de plus de deux milliards de lieues de diamètre. Ces globes sont animés de mouvements d'une vitesse prodigieuse. La Terre tourne sur elle-même en faisant faire en vingt-quatre heures un tour complet à ses dix mille lieues d'équateur. Elle réalise en trois-cent-soixante-cinq jours un quart, un parcours annuel de deux-cent-trente-huit-millions de lieues autour du soleil (vingt-sept-mille lieues à l'heure). Ses sœurs planétaires se meuvent dans les mêmes proportions de vitesses, entraînant leurs satellites en gravitation autour d'elles. Le soleil, à sa rotation sur lui-même ajoute lui aussi un mouvement de translation dont la trajectoire est encore inconnue. On sait seulement qu'il s'enfonce avec son système dans l'espace en se dirigeant vers la constellation d'Hercule.

Notre système solaire n'est cependant qu'un petit groupe astral qui compte à peine au milieu d'une infinité d'autres systèmes dont nos yeux ont en partie le spectacle par une belle nuit étoilée. Chaque étoile est un autre soleil que, sans aucun doute, doivent accompagner des planètes, et c'est par dizaine de millions que nos instruments astronomiques comptent les étoiles à portée de leur puissance. Cet ensemble stellaire forme à son tour un système disposé à peu près en forme de disque dont la Voie lactée, cette sorte de ceinture céleste d'une pâle lueur blanchâtre, indique le sens diamétral. Et cet assemblage relativement condensé représente un système nébuleux dont fait partie notre groupe solaire et planétaire, et dans l'immensité duquel les deux ou trois milliards de lieues de diamètre de ce dernier groupe figurent comme un point insignifiant.

Les autres soleils de l'espace, les étoiles dites et semblant fixes, se meuvent également, mais l'inimaginable distance qui les sépare de nous fait que leurs mouvements sont nuls pour nos yeux, car ils ne peuvent être appréciables qu'à des intervalles de temps archiséculaires. La constatation depuis les temps historiques en reste vague ; mais la future humanité pourra mieux que nous les apprécier, grâce au grand atlas céleste commencé à l'Observatoire de Paris sous la direction de l'amiral Mouchez. Les 22.000 clichés photographiques des 40 millions d'étoiles de la 1re à la 19e grandeur déjà relevés par divers observateurs de tous pays, et indéfiniment reproduisibles plus tard, constitueront pour le plus lointain avenir un document fixe et certain sur lequel pourront être appréciés tous les déplacements futurs du firmament stellaire.

Les distances et les vitesses déjà à peine concevables en mesures humaines, pour ce qui est de nos globes planétaires, ne le sont plus du tout dès qu'il s'agit des étoiles. Aucune de nos expressions numériques ne pourrait servir à les exprimer. Pour en avoir quelque idée, il faut prendre comme unité de mesure une année de la vitesse de la lumière (laquelle parcourt 75000 lieues à la seconde) et dire, par exemple, que Sirius, la plus brillante étoile de notre ciel, nous est distante de dix années de lumière ; la Polaire de trente-six années ; la Chèvre, que Herschell estimait être un soleil vingt millions de fois plus grand que le nôtre, scintille pour nous à la distance de soixante-douze années de lumière. Et les distances ainsi évaluées sont l'exception, la plupart des étoiles échappant à la possibilité d'une mensuration quelconque, par la raison que leur parallaxe ne peut être évaluée ; c'est-à-dire que le grand diamètre de l'orbite terrestre, soit 76 millions de lieues, étant pris comme base de triangulation, la même étoile visée aux deux extrémités de cette immense base, entre deux solstices, ne donne pas d'angle appréciable pour la rencontre lointaine des deux projections visuelles représentant les deux grands côtés du triangle cherché. Les deux lignes de visée restent comme étant parallèles ! Il est des étoiles dont l'éloignement doit représenter des siècles de vitesse de leur lumière, et qui peuvent avoir disparu depuis longtemps, tandis que nous percevons encore les rayons lumineux émis au temps où elles existaient.

Voilà pour ce qui concerne notre nébuleuse, nom que portent les amas stellaires parsemés dans l'espace comme autant d'univers sidéraux. Or, c'est à des distances bien plus considérables encore que celles dont nous venons de parler, que se découvrent ces lointains essaims nébuleux analogues au nôtre et seulement visibles pour la plupart au moyen des plus forts télescopes. On en connaît plus de dix mille, les uns résolubles en innombrables points stellaires, les autres simplement gazéiformes, soit probablement à l'état de formation astrale. Entre nébuleuses les distances intermédiaires sont telles que la mesure des années de lumière serait à son tour inintelligible. De telles distances et dimensions confondent notre entendement Qu'il nous suffise de considérer que notre propre nébuleuse vue à une distance seulement de quatre cents fois son diamètre, figurerait à notre vue tout juste de la dimension d'une pièce de un centime. Qu'est-il alors de la distance des essaims nébuleux à peine apercevables à l'oculaire de nos plus puissantes lunettes astronomiques, et que dire, après cela, de ce qui doit exister dans l'immensité au-delà de ce que nous pouvons voir ? Car, que peut signifier, au milieu de la scène spaciale infinie, le rien qui est à portée du regard humain, même multiplié par les instruments d'optique ? Moins que rien en face de l'infini, au sein de l'espace éthére que nous avons compris infini et ne pouvant être qu'infini !

Ici l'imagination pourrait se donner carrière et supposer, au-delà de notre univers visible, d'autres formations plus merveilleuses encore : des systèmes plus composés englobant les amas nébuleux comme ceux-ci rassemblent les soleils et les planètes, et qui sait ? peut-être des organismes inimaginables dont la structure aurait pour molécules ces mêmes amas nébuleux dont la raison d'être et les rôles restent pour nous un impénétrable mystère. Descendant maintenant à l'inverse, dans l'infiniment petit, rappelons-nous que la physique organique nous montre de véritables constellements moléculaires gravitant sous les mêmes lois que les astres, aux plus inaccessibles profondeurs de toutes les formations animées ou inanimées, présentant des mouvements et des dispositions cette fois infinitésimales auxquelles on a pu raisonnablement donner le nom d'astronomie de l'invisible ! Quel suggestif rapprochement entre ces deux aspects de l'Univers infini !

Laissant ces imaginations et nous en tenant aux seules réalités constatées, le tableau cosmogonique que nous venons d'esquisser nous prédisposera mieux à envisager la loi nécessaire qui préside à l'organisation qui s'y montre, la constance des mêmes effets naturels devant nous mettre sur la route des principes présidant à cette loi. Nous verrons plus loin comment la présence et l'action réciproque de ces principes, qui sont deux, nous permettront, pour commencer, de trouver une raison aux lois de la gravitation universelle que Newton découvrit et énonça sans toutefois les rattacher à une notion de cause. En attendant, il nous faut revenir un moment encore aux atomes constituant la substance matérielle universelle, pour y chercher à la base même du Cosmos, les premiers indices des principes qui, de là, s'étendront ensuite à la nature entière.

### Le vide ou le plein de l'espace
### L'énergie atomique. — La force immatérielle

Nous ne pouvons pas avoir admis la constitution atomique de l'espace éthéré sans penser en même temps que l'élément de cet océan spacial, que les atomes ne sauraient être juxtaposés entre eux sans solution de continuité ; qu'il doit exister entre les atomes un intervalle quelconque, sans quoi aucun mouvement de la matière ne pourrait se produire. La notion d'une séparation inter-atomique s'impose donc d'elle-même, à l'encontre de l'opinion du plein universel qu'ont professé jadis les Eléates et que soutiennent avec une certaine logique les énergétistes d'à présent en tant qu'énergie continue. La compréhension d'une substance matérielle où se manifeste le fait du mouvement, implique aussi par conséquent celle d'un certain vide inter-atomique en permettant le jeu. Ce vide serait-il donc cette fois le rien, le néant que l'esprit ne peut saisir ? Cela donnerait-il raison à la conception énergétique où logiquement il n'y aurait pas de vide ?

Devant ces inconciliabilités qui se dressent ainsi devant nous, il convient d'agrandir le champ de nos recherches. Considérons que l'océan spacial, par sa constitution propre, possède une certaine densité naturelle où existe un équilibre immanent des atomes qui le constituent ; que cet océan éthéré sans limites peut présenter cependant, par une cause qui est à découvrir, des états divers de compacité. Newton admettait que la densité de l'éther n'était pas partout la même que celle de notre région sidérale. Considérons aussi qu'il peut exister toujours des espaces à l'état primordial de repos statique, conception qu'aurait eu Descartes lorsqu'il admettait des « déserts spaciaux immobiles ». Là, aucune autre force ne s'exerce au-dessus de l'équilibre statique naturel de l'éther primordial. Là règnerait le seul Principe Matière ; tandis que dans les régions où est apparu le mouvement, s'est manifesté l'effet d'un autre principe, le Principe Esprit en son attribut d'activi télequel est venu s'exercer sur l'état statique de l'éther au repos.

Ces deux états spaciaux distincts dénoncent une dualité de principes coexistants dont les attributs respectifs se reconnaissent par les effets différents qui se constatent d'une manière permanente sur toute l'étendue de la nature. Ces attributs propres à chacun de ces deux principes, il suffit de les énoncer pour en reconnaître la réalité et la précision qui ne laissent place à aucune autre attribution supposable : pour le principe Matière le *Fini atomique*, l'*Etendue spaciale* et l'*Energie statique* (ce dernier attribut sera plus loin défini et expliqué) ; pour le principe Esprit, les attributs d'*Intelligence* connaissante, de *Volonté* directrice et de *Force* active. Ces attributs respectifs sont, disons-nous, partout reconnaissables dans tout exercice physique ou moral de l'existence universelle, à commencer par ce que nous-mêmes nous sommes. On ne saurait ni les méconnaître, ni les confondre, ni les intervertir de l'un à l'autre principe.

Il se peut qu'à cet énoncé un peu hâtif les convictions autres se refusent tout d'abord ; mais il se peut aussi que la suite les éclairant mieux, elles cèdent et se rallient. Elucidons d'abord cet attribut d'énergie matérielle pour la première fois énoncé et qui heurte la vieille opinion acquise de l'inertie de la matière. Cette activité, jusqu'à présent incomprise, prend une importance capitale dans la conception de la physique dualiste. La réalité manifeste de l'espace matériel constitué d'atomes, et le fait logique du vide inter-atomique, avec l'équilibre réciproque des unités atomiques spaciales, se trouvent expliquer très compréhensiblement une certaine énergie de position faite de la constitution primordialement équilibrée de l'espace matériel laissé à lui-même. Ce milieu éthéré, véhicule universel et substance en même temps de toutes les émissions lumineuses, calorifiques, électriques dont les ondes se répercutent presque indéfiniment, est ainsi en de continuelles vibrations qui témoignent de l'élasticité qu'on s'accorde à reconnaître à l'éther spacial. Or, qui dit élasticité, dit mouvements alternatifs de distension et de contraction. Et comment s'opèreraient ces changements d'état s'il n'y avait faculté d'écartement et de rapprochement entre les éléments composants de l'éther, entre les atomes ? Il y a là évidemment deux actions libres : celle de la secousse apportée et celle d'une réaction contre cette secousse. Or, étant donné le stable équilibre des atomes, constituant l'éther primordial, c'est nécessairement d'une action extérieure qu'ils se trouvent affectés dans les ébranlements initiaux qui viennent les agiter.

Pour Aristote, la matière ne saurait se donner à elle-même le mouvement ; pour Descartes, l'étendue matérielle est en elle-même inerte et passive ; il ne saurait en être autrement de la substance spaciale à son état naturel. Ce n'est donc pas l'atome qui se meut, c'est une force extérieure à l'atome qui d'abord agit sur lui ; mais c'est de lui-même que l'atome tend ensuite, en vertu de la constitution propre à l'éther spacial, à revenir aussitôt à son équilibre statique. Dans ce seul mouvement de réaction consiste ce que nous avons appelé l'énergie atomique. Cette énergie n'a pas d'autre caractère, mais c'est assez pour expliquer les phénomènes et les lois de la cosmogonie et de la physique, lesquels sans cela sont évidemment constatables, mais non pas explicables. Nous venons d'en surprendre le fait dans le jeu des ondes et vibrations lumineuses et autres qui se produisent au sein de l'éther spacial. Cependant c'est de plus haut qu'il convient d'examiner le fait de l'énergie atomique, pour avoir l'explication probable des formations astrales et la raison de la loi de gravitation ; car, ce qui est immanent, ce ne sont pas les formations et mouvements cosmiques, mais les seuls principes Esprit et Matière d'où tout découle et à quoi tout se rapporte.

Envisageons donc ces formations, tout au début, au sein de l'éther dans son état spacial naturel et sur lequel vient s'exercer, ici ou là, l'action émanant du Principe Esprit. Cette conception n'a rien de nouveau, c'est la même qu'il y a plus de deux mille ans Platon exprimait en ce peu de mots : « le Démiurge opérant sur la Matière qu'il n'a pas créée et qu'il ne pourrait anéantir. » Ceci implique nécessairement l'existence de deux principes co-éternels et distincts l'un de l'autre, le premier s'exerçant sur le second, ajoutant maintenant que le second principe sera capable de réagir contre le premier, mais dans la seule mesure de l'énergie de position des atomes dérangés de leur équilibre statique naturel. Ces deux actions opposées donneront la raison, que nous cherchons, des lois physiques de l'univers. Cette énergie atomique du principe Matière ne laissera pas de se manifester partout où celui-ci aura à subir l'action du principe supérieur Esprit. Elle réagira : en retrait, lorsque la force extérieure à elle viendra distendre l'état éthéré statique ; en expansivité au contraire quand l'énergie statique se trouvera comprimée.

Dans notre milieu cosmique travaillé par l'action du principe Esprit chez lequel l'activité, la force entre comme troisième attribut, l'éther spacial se trouve raréfié dans la mesure qui a concentré par places, en globes principalement, ses éléments atomiques. Alors, leur énergie s'y exerce expansivement dans les amas sidéraux et rétractivement dans l'éther ambiant. (Nous verrons plus loin que les actions centrifuge et centripète correspondent l'une à l'énergie atomique, l'autre à la force immatérielle.)

L'énergétisme a voulu voir, dans les phénomènes physiques et chimiques, un mouvement sans matière, parce que ses expériences ne constatent jamais que des énergies pures. Elle ne voit dans l'atome qu'un composé d'électrons, forme électrique de l'énergie, parce que l'extrême petitesse de l'atome le rend insaisissable à l'opérateur qui n'en perçoit que l'énergie émise, cette énergie statique déjà expliquée laquelle arrive à des proportions surprenantes. Les chiffres relevés de certaines réactions chimiques sont en effet formidables. Cette énergie atomique, répétons-nous, est toujours proportionnelle aux émissions de la force contraire dans les divers états des choses de la nature.

L'élément saisissable, le corps dit simple, n'apparaît ainsi que parce qu'il résiste aux actuels moyens d'analyse chimique et semble alors irréductible, mais en réalité, il constitue un groupement atomique plus ou moins compliqué et animé d'un mouvement allant jusqu'à donner l'image infinitésimale d'un système sidéral tourbillonnant. Cette vision de systèmes dynamiques dans les profondeurs cachées de l'infiniment petit, après tout, n'a rien de choquant, et la constitution dualiste de tout l'univers n'en est pas changée ; au contraire, elle n'en est que davantage confirmée en montrant tous les états de la matière soumis aux mêmes lois.

Les calculs de poids, de vitesse, d'attractions et de répulsions, dans les phénomènes chimiques, doivent toujours pouvoir être ramenés à des constatations d'énergie atomique aux prises avec la force du principe immatériel. Pour nous la conception antique de l'atome insécable, substratum de l'univers matériel, reste entière ; mais cette conception est incomplète sans l'énergie de position qui relève de l'état naturel de l'éther primordial de l'espace. Cet éther a nécessairement un état de densité qui est propre à sa constitution éternelle, et c'est là une très compréhensible raison de la réaction statique des atomes qu'une force extérieure est venue violenter. Nous allons, à présent que nous y sommes mieux préparés, essayer d'appliquer l'exercice simultané de l'énergie atomique et de la force extérieure, à la recherche de la cause déterminante des lois de la gravitation. Un tel examen nécessite une grande précision dans les termes employés, pour ne pas confondre entre elles les deux actions opposées. C'est pourquoi nous allons nous servir exclusivement du mot *Energie* pour désigner l'action atomique, réservant celui de *Force* au troisième attribut du Principe-Esprit. En attendant, nous aurons reconnu un lien positif entre tous les atomes, lien constitué par cette Energie statique et excluant l'idée de vide entre les éléments de la matière spaciale.

Quant à ce que peut être en elle-même cette Energie élastique intangible s'ajoutant à l'atome matériel tangible, notre intelligence doit se borner à la constater, aussi bien qu'elle constate la Force s'exerçant sur la matière atomique, de même que, sans comprendre davantage, nous constatons le fait positif de notre corps tangible que meut une activité et qu'éclaire une intelligence de nature immatérielle et intangible, capables de s'exercer sur des corps matériels. Il y a là nécessairement deux principes en présence. La conception monistique, en prétendant les unifier, ne change rien à l'irréductibilité réciproque d'entités aussi contraires ; et à l'incompréhensibilité d'un contact entre les corps pouvus des trois dimensions et une force qui n'en présente aucune. Que notre intelligence limitée se borne donc à admettre ce qu'elle constate sans prétendre expliquer jusqu'à la suprême cause des causes.

## Cosmogonie dualiste

Le rôle de l'énergie statique inter-atomique est ici capital, car cette énergie matérielle constitue, dans la cosmogonie dualiste, un des deux facteurs inséparables autant qu'essentiels de la gravitation universelle : le premier étant la Force ultra-matérielle, un des trois attributs du Principe supérieur Esprit ; le second étant l'Energie matérielle capable de réagir contre la Force, bien que dans la seule mesure de la tension des atomes vers leur retour à la densité naturelle de l'éther primordial.

Rappelons que, pour ce qui concerne l'action élastique que l'atome tient de son primitif équilibre statique, nous nous servirons exclusivement du terme *Energie*, employant le mot *Force* aux implusions émises par le principe Esprit. C'est cette Force ultra-matérielle que nous allons maintenant voir aux prises avec l'Energie statique de la matière.

L'évolution cosmogonique universelle dont nous sommes témoins, ne peut pas ne pas avoir eu un commencement, comme tout ce qui suit un cours changeant, car tout changement implique durée temporaire, donc, commencement et fin. Seuls sont éternels les principes dont l'évolution universelle relève. Parlant de l'évolution dans l'espace de ces systèmes sidéraux, de ces nébuleuses, de ces soleils, de ces planètes dont nous avons envisagé un tableau rapide et où tout dénonce une évolution en cours, c'est nécessairement au sein de l'éther primordial qu'a eu lieu le début de leur formation sans qu'il soit toutefois de rigueur qu'il s'agisse de l'espace intégral. L'infini de l'espace doit servir à des scènes cosmiques très diverses, tout en conservant des régions vierges où règne le seul principe matériel à son état éthéré primordial.

Nous allons à présent essayer de nous expliquer, sous le nouveau jour dualiste, les commencements, la genèse, des amas cosmiques tels que ceux qui peuplent les plus lointains confins de notre ciel, de ces nébuleuses où éclosent les soleils et leurs systèmes. C'est, disons-nous, en ces déserts d'immobilité spaciale entrevus par Descartes que, faisant succéder le mouvement au repos, le souffle du Principe-Esprit est survenu pour la formation d'un univers comme le nôtre, de même, sans aucun doute qu'il s'exerce ailleurs, ici ou là, dans l'espace infini pour ses fins que nous ne saurions pénétrer.

La matière, comme le pensait déjà Aristote, étant incapable de se donner à elle-même le mouvement, il n'est que logique d'admettre que ce soit l'action du principe supérieur à la matière qui se manifeste par places, en tels ou tels points de l'océan spacial. Ici encore notre intelligence limitée doit se borner à constater des effets sans prétendre remonter à la suprême cause.

Ce qu'il y a toujours pour nous de certain, c'est qu'il existe une création cosmogonique en laquelle se révèle une *Intelligence*, une *Volonté*, une *Force* apparaissant manifestement comme actifs et immanents attributs du Principe qui s'y exerce ; ainsi que d'autre part se décèle une *Étendue spaciale*, un *Fini atomique* et une *Energie statique*, attributs non moins immanents du Principe Matière sur lequel opère le Principe Esprit.

L'entrée en jeu de l'un et l'autre des troisièmes attributs des deux principes suffira, croyons-nous, à donner l'explication que nous cherchons. Pour cela examinons quels effets devra produire une force extérieure venant opérer au sein d'un océan spacial immobile où régne l'équilibre statique de la constitution propre de la matière éthérée. Cette force ultra-matérielle, quelles que puissent être les fins supérieurs qui la dirigent, et nous en tenant à l'aspect que présente notre ciel, peut aussi, en l'effet physique ici considéré, s'admettre comme étant venue, peser en contraction de la matière spaciale, et ayant, dès lors, déterminé des concentrations atomiques à grandes distances les unes des autres. On sait d'ailleurs qu'en dynamique, l'impulsion motrice ne peut être qu'extérieure au corps mû. Comment, en cet océan éthéré, nécessairement plein, agira cette force coercitive, si ce n'est en violentant et défaisant l'équilibre des atomes qui font sa seule consistance ? Où pourront être repoussés, transportés, ces atomes occupant intégralement l'espace qui n'existe que par eux, comme l'atmosphère, comme l'océan marin n'existent que par l'air et l'eau ? Une seule sorte de déplacement est alors possible, celle d'agglomérations partielles causant une raréfaction atomique dans les intervalles de ces rassemblements. De tels déplacements accomplis dans ce milieu spacial auront une conséquence tout aussi nécessaire : l'expansibilité rayonnante de l'énergie statique des atomes resserrés ; tandis que, dans l'ambiance raréfiée de ces masses comprimées, la même énergie atomique agira en retrait d'atome à atome, soit, dans les deux cas, effort constant de retour vers l'équilibre densitaire de l'océan éthéré dans sa constitution primordiale. De là donc, énergie expansive dans les formations agglomérées et énergie rétractile dans les grands intervalles spaciaux qui ont fourni la matière des amas ainsi formés.

Telle serait l'origine des premières nuées cosmiques appelées à devenir des groupes de corps célestes, où domine la pesée de la force extérieure devenue ici centripète, au lieu que l'énergie atomique contrainte en ces masses se totalise en expansion centrifuge, cause des rotations astrales, pendant que dans les espaces ambiants, raréfiés d'atomes par ces concentrations, règne une générale contractilité par la même énergie atomique. Cette dernière énergie lutte donc partout élastiquement contre la force universellement coercitive, avec d'autant plus d'intensité qu'une coercition plus forte pesera sur les atomes. Et ce sera alors dans l'exercice universel de ces deux activites qu'il faudra voir la cause du mouvement apparu dans la région spaciale ainsi tirée de la stagnation naturelle de l'éther primordial.

Voilà donc deux mouvements contraires en action : celui de la force extérieure pesante et celui de l'énergie atomique réagissante. Ne doit-on pas voir dans la rencontre des deux poussées opposées l'une à l'autre la cause immédiate du tourbillonnement des premières nébulosités cosmiques, par déviation angulaire et résultante oblique le mouvement se résolvant en rotation, sous la pression du dehors et l'expansion du dedans ?

Le mouvement tournant y sera de vitesse proportionnelle aux intensités de l'action centripète d'une part et de la réaction centrifuge d'autre part, la première provenant de la force extérieure, la seconde de l'énergie intérieure.

L'aspect spiral de certaines nébuleuses, en formation dans le ciel, semble bien dénoncer un pareil conflit physique. Ces nébuleuses commençantes ne nous offrent-elles pas des exemples du fait cosmogonique que nous venons d'envisager, lequel se régularisant et s'équilibrant de plus en plus, aboutira à l'aspect discoïde des nébuleuses, ou sphérique des corps célestes plus compacts ?

Ainsi s'expliqueraient : d'abord le rassemblement des premiers amas gazeux menant à la formation des nébuleuses tournoyantes ; et ensuite la giration régulière et la sphéricité de masses primitives où se sera fait l'équilibre possible de l'étreinte Energie-Force. D'autres causes physiques les diviseront après cela en systèmes solaires et planétaires, comme l'indique d'une manière générale la théorie de Laplace. Cette ingénieuse hypothèse, on le sait, montre qu'à mesure que se concentre et se condense l'amas nébuleux en giration (cette giration admise par Laplace comme préexistante), il se détache successivement, dans le plan de l'équateur du sphéroïde, des anneaux tournants dont la matière se rassemble ensuite en globes autour des points les plus denses de ces anneaux nébuleux rompus, en conservant la vitesse acquise au moment de la séparation. La cause de l'abandon de ces anneaux vient du fait de la condensation qui se produit graduellement vers le centre du sphéroïde, et dans l'accélération de vitesse du noyau ainsi réduit. Puis chacun de ces premiers anneaux devenus bientôt des globes toujours nébuleux, peut voir à son tour de nouveaux détachements annulaires s'effectuer dans les mêmes conditions, donnant encore des globes, trop petits et refroidis cette fois, pour en engendrer d'autres. De la principale masse du premier sphéroïde restera un globe central qui sera un soleil ; les formations détachées successivement du grand sphéroïde en condensation seront des planètes, et les globes de second degré deviendront les satellites de celles-ci.

Remarquons dans l'explication ci-dessus que l'accélération de la vitesse des noyaux de plus en plus denses résulterait, selon la théorie dualiste, du redoublement de l'énergie atomique centrifuge, amené, sous la pesée de la force extérieure, par une plus expansive concentration atomique.

Ne pouvons-nous pas maintenant considérer les deux propulsions en jeu, Force et Energie, comme étant les causes directes des lois de l'attraction newtonnienne ? Celle-ci se réalise en raison directe des masses, rapport simplement quantitatif des différents groupements en regard, faits d'atomes égaux et également sollicités les uns vers les autres, c'est-à-dire toujours vers la statique primordiale, attraction où agissent ensemble l'énergie expansive des concentrations matérielles, et la contractilité de l'éther raréfié des inter-globes ; et elle s'exerce également en raison inverse du carré des distances, effet de la convergence de la force enveloppante dans une aire d'angle de plus en plus restreinte, à mesure que se rapproche le sommet de cet angle. C'est le même rapport connu des surfaces sphériques graphiquement proportionnelles, en fait, au carré de leurs rayons, une sphère représentant une infinité d'angles avec ses rayons pour côtés et son centre pour sommet commun. C'est pour la même raison que la gravitation des globes s'exerce comme si toute leur masse était représentée par leur centre, sommet commun de tous les angles ci-dessus considérés.

D'une part donc, appel d'amas à amas de matière concentrée où, à l'énergie expansive de celle-ci, s'ajoute la traction contractile de l'éther raréfié ambiant, cette attraction s'exerçant des petits corps aux grands aussi bien que des grands aux petits, c'est-à-dire toujours d'atome à atome. D'autre part, action coercitive de la force enveloppante qui pèse de tous côtés sur l'amas astral et s'exerce donc sphériquement, pesant ainsi en raison inverse du carré des distances, en conformité des rapports proportionnels des sphères au carré de leurs rayons. Alors se trouverait expliqué aussi le mystère de la pesanteur que les physiciens constataient sans en pénétrer la cause.

Remarquons encore que le dualisme des deux propensions opposées Force et Energie, arrête l'exercice de l'attraction directe à la distance où se balancent les deux poussées contraires, et qu'alors la réunion future, qui a été supposée, des globes en une seule masse, ne serait pas possible. C'est aussi la raison qui fait que les corps gravitants transforment leur chûte dans l'espace en translation des petits autour des grands, à la distance où se balancent la Force extérieure et l'Energie intérieure. Le cataclysme final n'aura donc pas lieu par la rencontre des globes tombant les uns sur les autres, mais plutôt par un retrait de la Force ultra matérielle qui rendra les astres à l'entière diffusion des atomes reprenant dans l'espace leur primordial équilibre de l'éther rendu au repos.

L'action de la Force universelle est assurément inimaginable. Elle est pourtant contenue, dans les limites où nous la voyons balancée, par l'Energie statique qui rayonne des atomes, énergie formidable à son tour et dont certaines expériences spéciales de physique ont présenté des chiffres absolument inouïs. La séparabilité des deux actions opposées s'y montre de toute façon absolument manifeste.

Ajoutons que les trois célèbres lois de Képler qui impliquent à elles seules la gravitation newtonienne, relèvent encore de l'hypothèse dualiste. Elles prouvent la réelle atomicité, éthérée qui se montre matériellement résistante à la force d'impulsion des translations planétaires lesquelles affectent tout l'ensemble de l'étendue des aires spaciales parcourues, les globes s'y montrant tels que des concentrations nucléales d'immenses tourbillons spaciaux dont se révèle la consistance réelle.

Considérons aussi que les orbes célestes, presque circulaires pour les globes fortement condensés, deviennent extrêmement elliptiques pour les corps qui, tels que les comètes, ne sont plus que de consistance infime. Il y a assurément une raison aussi à cela. Il doit y avoir quelque rapport effectif entre le degré de la Force supérieure précipitante et celui de l'Energie atomique réagissante selon les conditions et la constitution des astres en jeu.

Les considérations qui viennent d'être exposées en matière de cosmogonie universelle paraissent toutes concourir à une démonstration de cosmologie dualiste. Elles seules présentent à la fois une explication des faits et une notion de cause. Ce ne seraient en tout cas : ni le mouvement simultané des atomes de Démocrite s'agençant d'eux-mêmes pour former l'univers physique ; ni l'attraction de Kant par courtes déviations latérales de particules se condensant en globes en raison de leur inégalités et de leurs distances ; ni l'idée moderne de charges et décharges électriques d'un énergétisme ne s'exerçant sur rien de matériel, ni le simple fait d'agrégation de poussières cosmiques, ou autres explications ingénieuses jusqu'ici présentées, qui offriraient une conception satisfaisante de la formation et des mouvements des corps de l'univers ; tandis qu'il semble bien que la dualité d'action qui vient d'être exposée, éclaire d'une manière explicative et compréhensible la genèse des globes célestes et aussi leur gravitation formulée par Newton, abstraction faite des causes.

En fait, les lois de la gravitation et de l'attraction universelles, à elles seules, et telles qu'elles sont énoncées, n'expliquent pas l'origine des condensations cosmiques, et, en outre, les mêmes lois s'opposeraient aux désagrégations ultérieures des globes à fin d'évolution. Il faut bien qu'une autre cause supérieure à ces lois soit intervenue et continue d'être et d'agir, après comme avant toutes les réalisations et relations cosmogoniques.

Tout ce qui se voit sur la scène universelle ne présente de tous côtés qu'action ou réaction. Comment ce conflit, ce balancement incessant proviendrait-il d'une seule et même impulsion, d'un seul et même principe ? Le dualisme est dans tout, à commencer par le dualisme cosmogonique.

## L'ordre physique dualiste

L'unité de la matière en l'univers est un fait que confirment toutes les observations physiques et astronomiques. L'analyse spectrale des étoiles, autant que celle de notre soleil, y dénonce à l'état gazeux les mêmes éléments que tous ceux que nous constatons autour de nous, sans autre différence que l'absence ou la présence des mêmes, dans les divers astres spectroscopés.

C'est donc encore la matière et naturellement l'atome qu'atteste la science physique en tout l'univers visible.

L'atome et ses groupements ; les combinaisons et les rapports de ces groupements ; les multiples aspects de la matière et les oppositions d'énergie qui en résultent, toute la physique est là, du moment qu'est apparue l'impulsion initiale de la Force, extérieurement à la matière, et pliant celle-ci à son œuvre mystérieuse.

Après les premiers temps d'étreinte chaotique, se dessinent et apparaissent successivement ces dispositions atomiques conduites vers des desseins impénétrables pour nous, mais ayant un but, évident quoique caché, lequel, dès les premiers débuts, commande tous les successifs développements d'une évolution astrale. Notre impuissance à connaître ces fins supérieures de l'action spirituelle ne nous empêche pas néanmoins de comprendre qu'une voie intelligente, ordonnée et incessamment active mène nécessairement à quelque destinée cette évolution qui n'est pas sans cause, sans direction et sans but.

Une certaine vanité scientifique a cependant prétendu se suffire à elle-même en faisant abstraction d'un au-delà de la pénétrabilité de la raison humaine; et, de ce soi-disant positivisme scientifique limité aux seules constatations directes, est née la théorie de l'automatisme universel s'actionnant de lui-même. Si, comme le dit Buchner, avec d'autres matérialistes, le mouvement n'était qu' « un attribut naturel de la matière », il ne pourrait, nous semble-t-il à nous, la conduire, et encore en admettant un plan appartenant aussi à la matière, qu'à faire, défaire, refaire toujours le même enchaînement perpétuel de ses formations et transformations physiques. C'est ce qu'on pourrait d'abord croire devant le commun acheminement des nébulosités cosmiques vers la condensation des globes où se formera une graduelle géologie, et se verra la même succession des saisons et de leurs effets. Mais cela signifie-t-il qu'une fois arrivé à terme, ce même travail cosmogonique se recommence éternellement le même, comme un mécanisme à répétition ? L'infinie variété des aspects sidéraux ne décèle-t-elle pas déjà des détails extrêmement divers dans l'ensemble du plan de notre propre univers, lequel n'est aussi qu'un détail dans l'espace sans limite ? En cet espace n'est-il pas permis d'admettre qu'il peut y avoir des essors tout autres de l'action du Principe Esprit avec d'autres formes d'évolution matérielle ? Ne peut-on supposer encore que tout ce qui est pour nous visible n'est que partie d'un plus général et organique ensemble universel qui nous reste caché et suit d'autres voies cosmogoniques ? Cette dernière perspective, toute idéale qu'elle soit, reste néanmoins logique, de même que la pensée d'un Etre Suprême qui manifeste ainsi en actes matériels ses immanents attributs intelligent, voulant et actif, exercés aussi diversement qu'incompréhensiblement à nos yeux d'infime portée. Ceux qui, comme nous, voient une cause dirigeante qui détermine la carrière et la finalité des mondes, avec les scènes physiques et vitales qui se déroulent en chacun d'eux, seraient-ils plus déraisonnables et aveugles que ceux-là pour qui l'énergie pure auto-agissante dans le cycle fermé de ses attributs propres, est l'alpha et l'oméga de tout ?

Pour ce qui regarde le domaine de la physique, si celle-ci a pris rang de science fixe, c'est que les lois qui règlent ses mouvements et ses rapports naturels se présentent partout invariables. Or, par ce que nous avons vu de l'énergie atomique originée par le fait d'une statique primordiale, ce ne peut être que l'invariabilité de cette statique immanente à la base de l'ordre physique, qui donne à ce dernier cette qualité de science exacte. Il en est de même des mathématiques faites pour nous du reflet en notre esprit des réels mouvements et dispositions atomiques déterminées par le Principe actif actionnant l'infinité des unités atomiques réagissantes. Si d'effectives constructions et mesures géométriques correspondent aux combinaisons mentales du calcul arithmétique, c'est que réellement, mesures matérielles et nombres idéaux ont même raison d'être. Ainsi, lorsque nous mesurons des surfaces sphériques proportionnellement au carré de leurs rayons, il n'y a pas d'autre cause effective à ce développement sphérique 4 fois, 16 fois celui du rayon 2 fois ou 4 fois plus grand, que la réalité matérielle d'un positif tassement d'atomes dont la masse développe des sphères à surfaces toujours proportionnelles, en fait, au carré de leurs rayons. C'est la parfaite identité de la disposition du tassement atomique et du calcul mental, celui-ci reflétant celui-là. Ce sont les réactions de l'énergie atomique effectuées toujours et partout dans la mesure fixe d'un rappel vers l'équilibre de la statique propre de l'éther atomique laissé à lui-même qui font la fixité des lois géométriques et mathématiques, et aussi des lois physiques.

Ces sciences fixes appartiennent ainsi à l'ORDRE PHYSIQUE qui est du domaine particulier de l'atome matériel et de son énergie statique, tandis que les autres sciences où le principe immatériel a la prépondérance, relèvent de l'ORDRE VITAL moins arrêté, venu plus tard dans l'évolution astrale et dans lequel le dualisme des deux principes apparaîtra plus visible encore.

Tous les éléments et les règles de la physique étaient déjà contenus en puissance dans la nébuleuse née dans l'éther immobile sous le souffle émis par l'Esprit ; ils y étaient avec toute la complexité de formations et d'aspects qui se vérifieraient ensuite dans les évolutions solaires et planétaires. Et ce ne serait pas l'irréductibilité actuellement admise des corps physiques, dits simples, qui pourrait infirmer cette commune source atomique de tous les aspects matériels existants. La science future diminuera un à un le nombre de ces corps rebelles à la décomposition. La spectroscopie stellaire découvre d'autant moins de raies dénonciatrices de ces éléments, dans la lumière d'un astre incandescent, que l'ignition de cet astre marque plus d'intensité. Les 90 corps simples environ que comptent les physiciens dans notre milieu terrestre, ne seraient plus qu'une quinzaine dans le Soleil, et l'étoile Rigel de la constellation d'Orion, de combustion plus gazeuse sans doute, ne donne presque pas de traces de cette répartition d'éléments. L'unité de la matière est d'ailleurs généralement admise aujourd'hui par les physiciens qui reconnaissent aussi un seul dynamisme atomique aussi bien qu'astral, obéissant aux mêmes lois de la gravitation newtonienne ; au point que l'expression « astronomie de l'invisible » a pu récemment être introduite dans le langage scientifique. La complexité des mouvements et des édifications de la physique ne change donc pas, confirme plutôt le point de vue dualiste de l'étreinte des deux Principes, le second mû par le premier, mais réagissant dans la mesure de sa statique naturelle, ce qui permet toutes les complexités, tout en les ramenant à des lois fixes, la base statique de l'énergie atomique et la consistance de l'atome lui-même étant fixes et invariables.

Annotons ici une remarque valant d'être retenue et qui signale visiblement le jeu de la Force extérieure et de l'Energie intérieure aux prises dans toute l'évolution universelle. On la rencontre partout, en physique de même qu'en astronomie, et aussi dans l'ORDRE VITAL, ajouterions-nous, si ce n'était trop anticiper. Cette remarque importante consiste dans le fait d'une sorte de balancement naturel qu'on peut constater en nombre de phénomènes de l'évolution physique et vitale. Quel observateur n'a été frappé de ces alternatives oscillatoires, de ces reprises successives s'exerçant diversement comme par l'effet de deux poussées contraires, paraissant en lutte autour d'une sorte de point d'équilibre instable ? Partout balancement, étreinte mouvementée de deux actions opposées ; aucun essor vraiment direct dans les évolutions de la nature, mais toujours des courbes, des retours, des girations ou oscillations ; toujours avancements et reculs successifs d'efforts différents aux prises, se rencontrant, se croisant, se refoulant ou se contenant l'un l'autre. Les globes ont leurs nutations; le son qui frappe notre oreille, comme l'eau qu'un vent agite, ondule plus ou moins vite ; la lumière, la chaleur, l'électricité ne sont faites que de vibrations ; tout projectile en sa lancée oscille ; un véhicule, un train de chemin de fer, un navire en marche sont d'autant plus secoués que leur vitesse s'accélère davantage ; le pendule va et vient tant que dure l'effet de l'impulsion qui a dérangé sa perpendiculaire ; l'immobilité d'un liquide, d'un corps pâteux, se change en un tremblement prolongé au moindre choc; jusqu'à l'apparente inertie des solides les plus compacts qui est en réalité une agitation perpétuelle de ses molécules composantes.Cette oscillation universelle ne dit-elle pas à elle seule l'étreinte actionnante et réagissante de deux forces naturelles continuellement opposées ?

Matière faite d'atomes entrés en mouvement avec toutes les figures, toutes les transformations, tous les effets multiples et changeants qui font l'infinie diversité de la nature, tous les aspects de la physique tiennent en ce peu de mots. Et ce mystérieux et graduel façonnement de la Matière passive mais réactive, c'est l'œuvre sécrète du Principe Esprit actif, œuvre qui n'est sans doute autour de nous qu'un détail partiel d'un plan que nous ne pouvons ni voir ni concevoir. Notre physique relative à l'évolution matérielle du coin d'espace où s'agite notre groupe cosmique n'est qu'aspect visible de la forme particulière d'ébranlement qui est venu animer la région spaciale qu'occupe notre univers, point, répéterons-nous, presque nul dans l'infini universel qui nous reste caché. C'est donc nécessairement à la forme particulière d'impulsion propre à notre groupe cosmique que répond la réaction de l'énergie atomique, tout en donnant à cette réaction, par l'immanence de la statique éthérée naturelle et le fini atomique, la fixité de lois que nous reconnaissons dans l'ORDRE PHYSIQUE. Et nous avons déjà compris que toute action et formation physique n'est qu'évolution d'atomes en dispositions et nombres en rapport avec l'intensité et la diversité infinie des jeux d'impulsion du mouvement universel. C'est ainsi que minéraux, cristaux, liquides, gaz, en tant que formations physiques, doivent pouvoir s'exprimer par des figures géométriques ou des équations numériques désignant leur nature.

L'équivalence mécanique des forces physiques est devenue un dogme de la science, ainsi que la faculté de leurs transformations les unes dans les autres et aussi l'égale capacité pour la chaleur des atomes de tous les corps. On peut voir là encore une attestation positive de l'existence et de l'égalité des atomes, leurs différenciations matérielles ayant pour unique cause des différences de mouvement.

Ainsi que nous l'avons déjà entrevu, l'ORDRE PHYSIQUE est donc particulièrement matériel parce que la régularité de ses lois tient à l'immanence statique de la constitution propre du Principe Matière, à son état primordial d'espace éthéré immobile. Mais cette fixité cesse dès qu'entre en scène l'ORDRE VITAL venu ensuite, et que nous allons à présent examiner.

## L'ordre vital. — La vie terrestre

Nous avons vu les premiers commencements des formations astrales consister en un confus rassemblement d'atomes déplacés sous le souffle du Principe Esprit qui est venu troubler la statique naturelle de l'éther primordial, lequel réagira en retour à cette statique. Ce début de l'étreinte des deux principes en un point de l'espace vierge donnera nécessairement lieu à une pénétration réciproque de leurs activités dont les premiers phénomènes physiques de la constitution des astres sont les effets, phénomènes qui se compliqueront à mesure que l'action de la force opérante sera plus étroite. Confusément chaotique aux premiers temps de l'étreinte, puis graduellement ordonnée et acheminée aux fins de cette création, l'évolution cosmique arrive à une assise équilibre. Seulement une immense période de temps et de travail aura été employée à réaliser l'harmonie possible entre les deux activités aux prises.

Telle aura été la première époque de l'évolution astrale marquée par la constitution de l'ordre physique, ordre matériel qui demeure, et sur lequel commencera bientôt à s'édifier une nouvelle forme de l'évolution où maintenant le Principe Spirituel plus dégagé travaillera, pour ainsi dire, à se ressaisir de plus en plus. Et l'évolution commencée devant logiquement et nécessairement finir, son aboutissement terminal ne pourra être que le retour de l'un et de l'autre principe à l'intégralité de chacun d'eux. Si l'ordre physique représente le travail d'adaptation matérielle de l'évolution cosmogonique à la forme active voulue par le Principe Spirituel, l'ordre vital, par l'apparition des premiers essais de la vie, représentera l'action déjà seule de l'Esprit remontant à sa pure identité, par des créations vitales non encore détachées des attributs de la matière, mais dominant celle-ci de plus en plus.

L'apparition de la vie est d'âge incalculablement ancien, selon nos mesures humaines du temps, mais néanmoins géologiquement récent sur notre globe. Ce ne fut qu'après les temps de la primitive formation de l'assemblage nébuleux, puis de la période ignée et ensuite des premières constitutions rocheuses de la planète, que commencèrent à se montrer les signes d'un ordre terrestre absolument nouveau et s'écartant de l'ordre physique, bien que s'appuyant sur lui et faisant suite aux lois naturelles déjà résultées de la forme de l'étreinte des deux principes universels.

C'est l'ORDRE VITAL dont les géologues constatent les premières traces coquillières dans les formations crayeuses et autres sédiments d'origine marine ; car c'est dans les eaux que se réalisèrent en premier lieu les conditions physiques favorables à l'éclosion vitale. La plus primitive forme de cette apparition de la vie, suivie ensuite d'édifications de plus en plus perfectionnées, a d'ailleurs persisté telle quelle comme élément premier de toutes les formations vivantes : c'est la *cellule* déjà virtuellement dotée de tous les caractères essentiels de la vie. A l'état le plus élémentaire, la substance vivante, en ses premières agglomérations, se montre telle qu'une matière d'apparence gélatineuse à laquelle on a donné le nom de protoplasma. Cette substance présente à l'analyse une vingtaine d'éléments distincts : carbone, hydrogène, oxygène, phosphore, azote, fer, soufre, etc... Mais, pour tant qu'on essaye de reproduire artificiellement du protoplasma, au moyen de la plus exacte et proportionnelle réunion de ses éléments constitutifs, toute tentative de susciter la vie reste impuisssante. Le protoplasma cellulaire s'analyse chimiquement, mais ne se reconstitue pas de même comme un simple produit chimique. La vie une fois apparue ne s'est plus reproduite, organisée, développée, continuée que par la vie laquelle s'engendre d'elle-même et imprime son branle particulier à la matière employée à lui donner un corps. Elle n'a progressé que par des dispositions, des combinaisons de plus en plus collectivement organisées, des assemblages variés de la même unité cellulaire qui use en même temps, pour ses constructions animées, de certains matériaux accessoires purement physiques, le tout précipité dans une sorte de tourbillonnement intense, mais invisible, aux profondeurs atomiques de l'être.

Tous les animaux, toutes les plantes ne sont que des composés de cellules. Il se passe dans l'ordre vital, par rapport aux cellules, une chose un peu analogue à ce qui se voit dans l'ordre physique par rapport à l'atome élément premier de tous les corps, sauf qu'ici l'unité est simple, tandis que là l'unité est composée.

C'est une biologie toute moderne qui a révélé cette loi capitale de la constitution de la vie terrestre, au moyen d'édifications diverses faites de cellules vivantes. Ce fut l'Allemand Shwann qui, le premier, formula la théorie de la cellule primordiale donnée comme base unique de la physiologie. Avant lui, toutefois, Raspail l'avait assez pressentie pour dire : « Donnez-moi une vésicule vivante organique, élaborante, et je vous rendrai le monde organisé ».

L'appellation de « cellule » s'applique couramment aux différentes vésicules composant les tissus organiques. Nous verrons là quand à nous, des unités moléculaires autonomes composées à leur tour d'unités cellulaires primordiales. La logique de notre aperception dualiste nous représente celles-ci comme d'infimes tourbillons atomiques animés déjà des trois attributs du Principe Esprit. La cellule, au degré près, est, disons nous, reconnue comme premier élément de toutes les formations vitales. Les recherches du savant Haeckel notamment ont mis hors de doute ce fait général : « Le corps humain — a-t-il dit — comme celui des animaux et des plantes, est un composé de cellules. A chaque instant des milliers de cellules disparaissent et sont remplacées par d'autres ». L'illustre physiologiste les définit ainsi : « une sphère molle de plasma contenant un noyau solide ». C'est la définition de la molécule de tous les tissus organiques, définition qui n'empêche pas la matière plasmique d'avoir elle-même son unité composante, la cellule simple et primitive.

Haeckel, d'autre part, et nous lui laisserons cette opinion personnelle, identifie la vie avec la matière, et il cite cette parole de Gœthe : « L'Esprit est inséparable compagnon de la Matière ». Gœthe a-t-il voulu dire que la Matière et l'Esprit ne faisaient qu'un, ainsi que le veut le monisme de Haeckel, ou bien ce compagnon ne garde-t-il pas sa nature particulière, tout en s'accompagnant partout de la Matière ? Evidemment en une évolution cosmique toute entière ordonnée et pénétrée par l'Esprit, celui-ci ne se manifestera à notre perception que par les voies matérielles, notre être étant lui-même fait de cette dualité. Et là précisément gît le dualisme vital où la matière n'en laisse pas moins se manifester les attributs particulièrement propres au seul Principe Esprit, ceux de la matière s'en montrant de leur côté distinctement séparés. Or, c'est dans la cellule que se découvre le plus étroitement et visiblement ce nœud du dualisme vital qui est comme la même maille se répétant partout dans le tissu dont la vie est faite.

Ne semble-t-il pas voir, dans ce premier élément de la vie qu'est la cellule, comme un ultime remous du branle initial d'un univers ? Cette unité vitale est nécessairement composée. Ce n'est pas le simple atome, c'est un groupe, disons mieux, un système d'atomes matériels tourbillonnant où, de même d'ailleurs qu'en tout système cosmique, s'ajoute à la dynamique gravitante quelque chose de plus que la loi universelle de gravitation. Et ce *quelque chose* qui est ici le souffle vital, se trouve tout entier déjà dans l'unité cellulaire qui le reportera multiplié dans les groupements combinés des synthèses de vies végétales et animales surtout, où entreront manifestement en jeu les attributs reconnaissables du Principe-Esprit : Intelligence, Volonté et Force. Ce sera comme une même, quoique infime reproduction, aux dernières profondeurs de l'évolution universelle, de la même étreinte de l'Esprit et de la Matière, reproduction s'effectuant dès la réalisation équilibrée de l'ordre physique. Ce qui s'y montre aussi c'est un retour sur elle-même de l'action immatérielle se reprenant, disons-nous, après la fixation physique de l'étreinte Force et Energie et remontant ensuite, de plus en plus dégagée, par l'ascension graduelle des créations vivantes, vers sa pure essence spirituelle.

C'est en vain qu'on a voulu rattacher les caractères de la vie aux seules lois de la matière. Celle-ci, sans germe préalable de vie, donnera les composés chimiques les plus variés, mais elle ne produira jamais à elle seule rien de véritablement organique. Les cristallisations minérales ou salines qu'on a esssayé de présenter comme un premier pas de la vie, ne s'ordonnent qu'en raison d'affinités moléculaires toutes semblables, s'effectuant du dehors au dedans, et non par intussusception du dedans au dehors comme les organismes vivants. Ces juxtapositions extérieures, bien que présentant une croissance et des formes qui peuvent faire illusion, n'en sont pas moins d'ordre absolument physique et n'ont rien des caractères propres de l'évolution vitale de la plante à l'animal. Du cristal à la cellule vivante il y a toujours la même distance de l'inorganique à l'organique. Les expérimentateurs de vie artificielle doivent en prendre leur parti. Le jour seulement où l'un de ces chercheurs obstinés à prouver l'unité de la matière et de la vie nous apporterait, non pas un simulacre d'organisme, mais le moindre cryptogame ou bacille de sa fabrication, sans intervention de germe déjà vivant et procréant concurremment avec les formes existantes de la vie naturelle, alors seulement serait faite la preuve du monisme physico-vital.

La théorie de la génération spontanée a fait aussi son temps. Pasteur, après de premiers errements, dût reconnaître que, dans notre milieu terrestre actuel, il ne naît plus rien, ni germes, ni ferments, ni même simples moisissures, s'il n'y a pas eu quelque ensemencement préalable par des germes mêlés aux poussières atmosphériques. Tout le monde sait les décisives expérimentations dans lesquelles Pasteur voyait naître des animalcules ou des cryptogames en un milieu de culture laissé à l'air libre, tandis que le même milieu mis au contact d'un air n'y pénétrant qu'après avoir traversé une flamme qui en dévorait les poussières en suspension, restait invariablement stérile.

Des constatations précédentes ressort avec toute l'importance d'un dogme, la séparation absolue de l'inorganique et de l'organique, soit celle de l'ordre physique et de l'ordre vital, sans préjudice des rapports qui les lient à d'autres points de vue : d'une part, l'ordre physique avec ses réactions matérielles résultées aux premiers temps de la saisie de l'Energie atomique par la Force ultra-matérielle ; d'autre part l'ordre vital avec les lois nouvelles qu'a introduites dans l'évolution astrale l'action plus isolée du Principe supérieur qui l'initia, et va reprenant peu à peu son identité ; le dualisme enfin de deux entités irréductibles entre elles quoique associées dans l'évolution universelle : l'Esprit et la Matière.

## L'évolution vitale

En définissant comme nous l'avons fait l'ordre physique une résultante relativement équilibrée de la réaction de l'Energie matérielle contre la Force extérieure du Principe-Esprit, nous avons compris que l'harmonie possible une fois atteinte entre les deux activités, l'ordre physique a acquis toute sa mesure. A lui les lois de la mathématique, de la géométrie, de la physique et de la chimie nées des rapports en quelque sorte dynamiques résultés des résistances de l'énergie statique des atomes contre la force supérieure contraignante.

Il n'en est pas de même pour l'ordre vital. La Cause spirituelle dirigeante, plus directement entrée en jeu dans le règne de la vie, garde au contraire des essors inconnus. C'est pourquoi la chimie minérale est aujourd'hui une science fermée, tandis que la chimie organique offre toujours du nouveau et ne connaît pas de limites. Nous voyons l'histoire de l'évolution vitale, à travers les périodes paléontologiques, monter de développements en développements et il est à croire que la période vitale actuelle n'est pas la clôture sur notre globe de ce graduel avancement.

Les travaux des Cuvier, des Monet de Lamark, des Geoffroy-Saint-Hilaire, des Darwin, des Bichat, des Claude Bernard, des Haeckel et de tant d'autres illustres pionniers de la biologie ont, chacun par quelque côté, renouvelé les bases de cette science. Les derniers ont finalement substitué aux idées anciennes de créations spontanées, d'ordre, soit naturel, soit divin, pour les différentes espèces successivement apparues sur notre globe, des vues plus conformes à la vérité positive des origines et d'une évolution graduelle et progressive en formations et transformations vitales. Et cette conception, d'abord réservée, touchant l'enchaînement suivi des genres, ordres, classes et espèces, s'est affermie de plus en plus. Aujourd'hui, bien que ne possédant pas intégralement tous les anneaux de la chaîne entière du transformisme graduellement réalisé à travers les époques géologiques, on peut néanmoins et très raisonnablement dire que cette évolution n'est qu'une. Et il n'y aurait pas même de restriction à faire concernant les deux règnes, le végétal et l'animal, où la différence que les plantes s'entretiennent principalement d'éléments inorganiques et restent fixées au sol, au lieu que les animaux se nourrissent de substances organiques et se déplacent à leur gré, ne représente qu'une différence de régimes d'existence sans démarcation autrement absolue entre les deux règnes. On sait d'ailleurs que la classe des zoophytes est autant végétale qu'animale, et aussi que certaines plantes sont insectivores, que d'autres émettent certains mouvements puis, point capital, que l'unité cellulaire composante est sensiblement la même pour les deux règnes. La vie n'est qu'une.

En tout l'ordre vital, de l'élémentaire système animé qu'est l'unité cellulaire, l'évolution passe à des systèmes secondaires, à des molécules vivantes moins invisibles et toujours autonomisées où la biologie voit déjà des individualités microbiques organisées en collectivités. L'organisme global apparaît en définitive comme l'ensemble unifié d'une sorte de corps social, le mot n'est pas excessif, fait de cette collectivité solidarisée.

Maintenant, quelle cause supérieure préside à ces formations de collectivités cellulaires qui représentent les très diverses et progressives synthèses de vie que sont réellement les plantes et les animaux ? Il n'y a assurément aucun hasard dans les causes qui ont incliné les édifications de l'ordre vital vers les aspects infiniment variés qu'il présente. Les innombrables créations vitales qui croissent ou s'agitent sur la terre ont nécessairement été amenées à cette multiplicité de formes, d'organes et d'outillage pourvoyeur ou défensif par quelque initiative directrice, aucun effet n'existant sans sa cause.

Lorsque Monet de Lamarck a exposé dans sa *Philosophie géologique* la lumineuse loi de l'adaptation qui guide et applique, en conformité des milieux habités, la formation et le régime d'existence de toutes les espèces, c'est en même temps l'initiative intelligente et déterminante du principe de vie, cherchant et trouvant ses voies, qu'il a fait implicitement ressortir comme ayant dirigé tous les mouvements édificateurs d'une organisation végétale ou animale. Ce sens dirigeant, il l'appelle « la puissance du sentiment intérieur » qui sait adapter et conformer l'organisation de l'être aux diverses conditions physiques et autres du milieu où il doit vivre. Par milieu il faut ici entendre, non pas seulement une généralité physique de l'entourage des êtres et de leur habitat, mais encore une pénétrabilité possible entre les espèces déjà existantes en tous milieux occupés. Tout vide où quelque nouvelle activité vitale pourra se faire une place, constituera donc un milieu occupable dans lequel pourra se façonner une espèce ou une variété qui saura graduellement se plier et s'adapter par des organes appropriés, transformés ou nouveaux, aux facilités ou difficultés présentées par ce milieu : genre d'alimentation, climat, aspect physique, luttes à soutenir même, propres au dit milieu. Et cette forme, qu'elle y soit née, ou ce qui est plus généralement le cas, qu'elle soit venue s'y adapter, s'organisera ou se réorganisera à nouveau en rapport avec la nature et les ressources du dit milieu. Les espèces, par exemple, que des difficultés d'existence survenues en leur ancien habitat, forcent à émigrer en terrain nouveau, entrent dès lors en un graduel et très curieux travail organique, approprié d'abord tant bien que mal, puis, de plus en plus étroitement adapté au nouveau milieu, adaptation qui emploie de longues périodes de temps, en passant de variétés en variétés toujours plus appropriées. Cette transformation s'explique d'autre part en raison de la malléabilité d'organismes formés d'individus cellulaires solidarisés en collectivité. Ainsi les phoques, de structure terrienne et à demi poissons ; ces petits scarabées dont les élytres se sont soudées et les pattes palmées pour vivre et s'ébattre au fond d'une mare en sont des exemples entre tous ceux que présente l'histoire naturelle. Et c'est ainsi qu'on s'explique la multiplicité et la variété infinies des formes vivantes qui peuplent notre globe. Cette règle de l'adaptation n'est nulle part plus visible que dans la métamorphose des insectes passant d'un milieu à un autre tout différent et appropriant chaque fois à ces milieux leurs formes et leur organisation. Certainement une *Intelligence* active est partout présente dans les créations et transformations de la vie végétale autant que de la vie animale ; une *Volonté* latente aussi manifeste accompagne cette intelligence; et l'on constate de même en l'être vivant l'exercice d'une *Force* propre et, en un sens, concurrente parfois de l'action dynamique des lois physiques.

La règle de l'adaptation, soit ce qu'on a appelé l'influence du monde ambiant, est la grande loi du développement de l'ordre vital. Après Lamarck, est venu Darwin qui a donné comme loi de l'avancement et du perfectionnement des espèces, les effets de la lutte pour la vie et de la survivance des plus forts. Cette considération a sa part de vérité ; toutefois elle ne vient qu'aider seulement à l'exercice de la loi d'adaptation aux milieux, et c'est à tort — un tort dont à cette heure les savants sont revenus — que le darwinisme a durant un temps laissé dans l'ombre la théorie plus complète de Lamarck que soutint aussi Geoffroy St-Hilaire.

Toutes les formations, appropriations et transformations des espèces peuvent ainsi être ramenées à trois principales cause déterminantes qui sont :

1° L'*Organisation* en vue de laquelle se meuvent et se coordonnent entre elles les unités cellulaires, qui composent un organisme ;

2° L'*Adaptation* qui incline l'expansion vitale en conformité des ressources, des facilités et aussi des difficultés et résistances que présentent les divers milieux.

3° La *Sélection* qui, à tous les degrés d'édifications organiques perfectionne la vie en faisant prévaloir et se reproduire les sujets les plus résistants et les mieux outillés pour le combat de la vie.

Tels sont les trois facteurs essentiels de l'avancement vital dirigeant, perfectionnant et développant les formes animées, mais eux-mêmes subordonnés aux conditions d'existence des êtres vivants, dont la plus capitale consiste en un courant de matériaux alimentateurs qui en renouvelle continuellement la substance. Ce dernier aspect biologique permet d'envisager l'essor vital tel qu'une sorte de très complexe tourbillon aspirant et refoulant où la forme persiste avec des matériaux toujours changeants. C'est du dehors naturellement que vient l'apport de ces éléments d'entretien substantiel que le tourbillon vital absorbe, transforme, utilise, puis rejette après le plus laborieux et merveilleux travail physiologique. Et cette condition d'un continuel et matériel entretien est indispensable, disons-nous, à l'exercice de la vie où l'aliment devient l'objet d'une élaboration et d'une répartition conformément appropriée à toutes les diverses nécessités des fonctions organiques.

Chaque unité cellulaire d'un organisme en a sa part, et non sans concurrence vitale déjà entre les élémentaires individualités composant le groupe animal ou végétal. Cette nécessité commune d'acquérir l'aliment indispensable ne saurait certainement être étrangère à la forme d'organisation, à l'ordre et aux dispositions qui prévalent dans le groupe. Et chacune des organisations viables ainsi constituées réalisera une espèce sur un plan qui persistera dans les procréations génératives qui continueront cette espèce. Ici s'offre un autre aspect des lois de la vie que nous examinerons aussi un instant.

Dans la plénitude de son activité chaque tourbillon animé peut, en principe, émettre des parties de lui-même déjà virtuellement impulsées de la même forme de son propre essor de circulation organique. C'est ce qui se voit tel quel aux bas degrés de la vie où l'amibe, la bactérie se reproduisent et multiplient par simple scissiparité. C'est ce que montre encore le ver dont chaque morceau séparé reconstitue le même ver, et c'est ce qui se remarque aussi chez les plantes qui peuvent se reproduire par boutures. Mais aux formes plus élevées de la hiérarchie vitale, où des complications organiques ont apporté une grande variété de détails, un genre plus compliqué de scission s'imposera. Cet organisme compliqué ne se reproduit plus qu'à la condition de reporter virtuellement la même ordonnance d'organisation dans un germe récapitulatif et continuateur de l'espèce. Ce sera une spore, une graine, un œuf, dont l'élaboration sera proportionnelle à la complexité des formes animées lesquelles réaliseront, somme toute, leur reproduction par le même principe de la scission.

L'avancement organique toujours progressant a en outre amené une autre complication : la sexualité. Le seul individu ne suffisant plus à réunir l'intégralité des forces et des conditions d'émission générative, ces conditions en viennent à se répartir entre deux catégories d'individus de la même espèce et à déterminer des sexes complémentaires l'un de l'autre, jusque dans le régime végétal. Avec la sexualité, la procréation n'est devenue possible que par la conjonction des détails germinatifs se répartissant entre mâle et femelle. Or, là encore persiste le même principe génératif augmenté de la faculté d'une récapitulation embryogénique de tout le passé vital auquel se rattache l'espèce.

Tout le transformisme des enchaînements spécifiques parcourus antérieurement est déjà écrit dans les profonds arcanes du germe reproducteur. Il y a, dans ce qui se détache ainsi des deux progéniteurs, comme qui dirait un essaim de cellules portant virtuellement en soi le plan complet de l'organisation présente, avec son passé, de l'espèce à laquelle appartiendra l'individu qui va naître de cette émission génératrice.

Rappelons aussi, étant donnée l'importance de cette question, que le mâle et la femelle participent pareillement à l'imprégnation de l'œuf dont le sexe femelle est dépositaire. Longtemps mal comprise, cette collaboration générative est à présent élucidée. Il reste acquis que la fécondation de l'œuf s'opère par la double imprégnation du mâle et de la femelle et que le rejeton participe, sinon à parts égales, du moins avec partage, des natures individuelles de ses deux progéniteurs.

Dans le mode simple ou compliqué de scission, en matière de procréation générative, se revoit encore cette unité de la vie dont les épanouissements ne font que rendre de plus en plus manifeste la présence des attributs du principe spirituel s'exerçant sur la matière assouplie à ses fins vitales. Cette fragmentation continue, depuis le premier être animé jusqu'aux plus hautes créations de la vie, implique, en effet, sans conteste une même et unique continuation de terrestre avancement vital où les perfectionnements survenus n'ôtent rien de l'unité de la vie. Et cette action supérieure se fait surtout sentir dans l'attraction réciproque et irrésistible des sexes où, au courant général du principe de vie s'ajoute, chez l'être terrestre le plus spiritualisé, chez l'homme, une exaltation de l'âme, d'autant plus haute que cet être sera plus avancé en détachement matériel.

Maintenant, nous ne pouvons nous empêcher de voir, dans cette règle commune des reprises individuelles par lesquelles se continue la durée des espèces, encore un exemple de cette oscillation entrevue plus haut, qui s'exerce sous divers aspects au cours de l'évolution universelle. Ne serait-ce pas toujours le même va-et-vient de l'étreinte des deux principes qui cause ces reprises génératives au lieu de l'essor continu que devrait donner l'action d'un seul et même principe ? N'y aurait-il pas, en cette suite de destructions et de renaissances, dans la marche de la vie, un autre aspect de l'alternatif avantage de l'un sur l'autre des deux principes en lutte ?

Ce très élémentaire exposé des lois générales de la vie, et particulièrement de la filiation spécifique, lois qui concernent l'espèce humaine autant que les autres espèces, devait avoir sa place en ce travail, parce qu'il est essentiel pour nous de voir l'homme ce qu'il est réellement et non ce qu'il a pu plaire notamment aux théologues d'imaginer. L'homme n'est point cette créature à part qu'ont voulu en faire certaines doctrines, mais uniquement une espèce occupant le sommet du règne animal, lui faisant absolument suite et participant en tout et pour tout du même règne sous l'action des mêmes lois vitales.

Puis, sans vouloir anticiper sur les sujets qui vont être abordés à la suite, il suffit, par exemple, d'avoir saisi que le rejeton humain est engendré physiologiquement de progéniteurs dont il continue la nature physique et même morale, simple chatnon d'une filiation suivie, et portant en lui tous les caractères de la race entière, pour comprendre la relativité de son individualité personnelle et l'inanité de ce moi absolu et indépendant dont le gratifient particulièrement les réincarnationnistes. Dans le germe qui deviendra visiblement avec ses qualités ou ses tares, l'héritier physique et moral de ses progéniteurs, où y aurait-il place pour une personnalité absolument autonome et séparée pour laquelle le corps ne serait qu'un logement passager ? Un malheureux enfant d'alcoolique par exemple, ne tient-il pas ses tares physiques et morales du seul vice d'un triste père ? Une culture intellectuelle continuée en de successives générations ne donnera-t-elle pas le plus souvent des sujets particulièrement doués ? Dans ces différents cas, ce sera la prédominance soit de l'un, soit de l'autre des deux principes qui sont en l'espèce, de laquelle les individus ne sauraient s'abstraire aucunement. La spiritualité éternelle n'implique pas l'éternité telle quelle de la personnalité terrestre. Elle admet encore moins la croyance à une fortuite réincarnation d'âme errante désireuse de s'adjoindre un nouveau corps, tout en gardant sa perpétuelle personnalité et, pour ce faire, guettant quelque favorable occasion amoureuse, car quel autre moyen pour se réincarner ?

Puis, quelle aberration que cette personnalité posthume des spiritistes, gardant fluidiquement les apparences d'un corps dont tous les détails organiques n'étaient qu'effets du milieu physique et vital, auquel l'être s'était approprié et adapté, et sans raison d'être hors de ce milieu !

Pour nous la Vie, c'est le Principe-Esprit se détachant progressivement de l'étreinte matérielle après la réalisation de l'équilibre physique ; et la personnalité humaine sera, non un esprit, mais l'Esprit à présent plus actif et plus lui-même aux premières avancées de la vie qui n'est qu'une. En la double nature de l'homme, l'Esprit est toujours en étreinte avec la Matière, mais davantage en marche vers sa pure identité ultra-matérielle. Cette considération doctrinale sera d'ailleurs élucidée plus loin à la place qui lui revient dans ce travail. En attendant achevons de fixer nos idées sur la nature de la vie, en l'examinant une minute dans ses développements sensitifs qui portent la Vie à son plus haut degré terrestre d'intensité.

## La vie sensitive

Dans la vie animale, et supérieurement chez l'homme, il se voit deux ordres de fonctions physiologiques superposées l'un à l'autre, qui sont : d'une part la vie organique ou végétative, et d'autre part, la vie animale ou sensitive. L'évolution physiologique au cours de sa marche avançante, a vu se développer deux genres séparés d'organisation répondant à deux sortes de nécessités vitales. C'est ce double fonctionnement que Bichat le premier, distingua sous le nom de vie organique et de vie animale. Il y a donc premièrement la vie organique ou végétative plus particulièrement intérieure laquelle, après avoir accompli chez le simple mollusque le mécanisme essentiel nécessaire à l'absorption et la répartition alimentaire, reste ensuite à peu près la même pour les espèces apparues après en progression avançante jusqu'à la classe élevée des mamifères. Vient secondement le jeu organique d'une vie supérieure et plus extérieure, dite animale ou sensitive qui, avec le perfectionnement des espèces, s'ajoute graduellement à la première et de laquelle procéderont les facultés les plus nobles de l'être vivant.

La première de ces deux formes d'organisation, d'ailleurs solidaires l'une de l'autre, est la plus capitale puisqu'elle constitue l'assise indispensable de la seconde qui n'existe que par elle. La seconde moins essentielle à la condition vitale, mais plus relevée, assume la tâche de relationner l'être avec le dehors, et au cours de l'évolution formative des espèces, de susciter leur outillage soit moteur, soit pourvoyeur, soit combatif. Et cette seconde phase de l'organisation animale appelée d'abord à servir la première, a grandi peu à peu d'importance et a augmenté de portée jusqu'à devenir sensitivement et intellectuellement la plus haute manifestation de la vie. Par son appareil nerveux la sensitivité a constitué un système distinct de la vie végétative. Or, ce sont les seuls progrès de la vie sensitive qui ont porté notre espèce au rang qui la place si au-dessus du simple animal.

La constatation de ces graduels et continus perfectionnements de la vie nous laisse prendre sur le fait, pour ainsi dire, la secrète action d'un travail dont l'initiative remonte nécessairement à une cause intelligente et voulue, celle que le principe Esprit exerce sur le principe Matière, dans le dualisme vital, tout comme dans l'intégral dualisme universel. Nous venons de voir la vie organique ou végétative s'adjoindre le mécanisme de la vie animale ou sensitive ; nous jetterons à présent un coup d'œil sur la nature de cette dernière organisation sensitive.

Si la vie végétative est directement basée sur la formation et le fonctionnement d'un estomac récepteur, assimilateur et distributeur de l'apport alimentaire, condition indispensable de l'entretien d'un organisme vivant, la vie sensitive, elle, a son siège dans la substance nerveuse apparue plus tard que les tissus viscéraux ou musculaires, et qui constitue le plus parfait rapprochement dans lequel se soient solidairement assemblées les cellules animées. Les fibres nerveuses vibrent aux moindres impulsions qui viennent affecter l'être vivant. La sensitivité vitale originelle qui ne s'exerçait, dans les tissus primitifs que par de lents effets spontanés de contraction ou de distension, pouvait suffire à la rudimentaire existence du mollusque, mais lorsque des conditions plus pressantes déterminèrent un besoin de correspondance interne plus active, l'attribut sensitif se concentra avec intensité dans des filaments ou dans des amas d'une nouvelle substance spécialement apte à recueillir ou transporter instantanément les impressions qui, sans cela, n'atteignaient pas l'organisme ou ne le pénétraient que par une égale et lente répercussion moléculaire.

L'attribut supérieurement vital de la sensitivité, est arrivé dans la substance nerveuse de la vie animale, à une perceptivité et une excitabilité merveilleusement intenses qui en ont fait un nouveau et supérieur ressort de la vie. Plus les espèces s'élèvent en perfection et plus le système nerveux se complique et s'étend. La partie la plus ancienne de son réseau le plus interne, dénommée chez l'homme *grand sympathique*, s'emploie à la régularisation du fonctionnement uniquement végétatif ; l'autre partie, née des progrès de la vie de relation, particulièrement rattachée à la moelle épinière et au cerveau, et à peine reliée au réseau primitif, a un rôle moins régulier, mais plus complexe et plus relevé. C'est ce dernier réseau neurique qui est le récepteur et le véhicule de toutes les sensations venues du dehors, lesquelles s'acheminent à leur but, sans se mêler, par des filets spécialement affectés à chaque perceptivité particulière. C'est ainsi que l'ensemble du système nerveux est devenu le moteur effectif de la vie végétative laquelle s'arrête partout où survient un empêchement des nerfs.

Le contact entre l'activité sensitive et le monde extérieur a lieu au moyen des sens construits eux-mêmes de pure substance nerveuse. Or, c'est sous l'influence directe des conditions physiques des milieux occupés par les espèces en formation, que les sens se sont lentement et progressivement élaborés. La lumière, le son, l'odeur, la saveur, le tact, ne sont que des modes d'affectations de la sensitivité sous différents et particuliers aspects, et avertissant l'être des phénomènes extérieurs qui l'intéressent. Les couleurs ne nous apparaissent telles que par rapport à la contexture de notre œil qui interprète ainsi des jeux d'ondulations éthérées spéciales qui deviennent pour nous la lumière et les couleurs. Il en est de même des sons, des odeurs, des saveurs, toutes choses relatives à des émissions extérieures particulièrement perçues par des organes construits exprès pour les enregistrer et interpréter. Ainsi, tout autrement que la vie organique interne dont tous les ressorts fonctionnent automatiquement, l'exercice des sens qui est occasionnel et plus varié, et qui lui, dépend du dehors, nécessite une certaine éducation pratique.

Quelle infinie délicatesse de structure est celle des organes des sens, et quel jour cette appropriation sensitive jette sur les profondeurs de l'invisible corporel ! Quelle doit être, par exemple, la ténuité de construction de l'œil pour qu'il perçoive à la fois toute une gamme de couleurs dont une seule, la couleur violette, représente 700 trillions de vibrations à la seconde ! Comment encore s'imaginer les dimensions des 3000 cordes harmoniques qui se tendent dans le colimaçon de l'oreille intérieure et vibrent à toutes les nuances des sons qui viennent les frapper ! Ces appropriations toutes physiques de l'être animé aux phénomènes naturels du milieu devaient être ce qu'elles sont, tout dans l'ordre vital étant relationné avec l'ordre physique au milieu duquel il est apparu et qui est perçu par le moi spirituel, lequel de son côté réagit sur le matériel, sinon compréhensiblement pour notre entendement limité, de toute façon indéniablement, lorsque notre volonté immatérielle et libre nous fait saisir un objet matériel, ou simplement lever la main.

La progression de la vie organique, déjà constatée dans l'avancement graduel des espèces, n'est pas moindre en ce qui concerne le vie sensitive et le perfectionnement des tissus qui en constituent les organes. Le réseau nerveux partout relié à la voie maîtresse de la moelle épinière, et poussant toujours plus avant, s'enrichissait notamment d'une concentration principale qui, d'espèces en espèces de plus en plus avancées, est devenue un cerveau humain. C'est dans cet amas supérieur de la substance nerveuse la plus pure, au sommet du cordon de la moelle épinière contenue dans la colonne vertébrale, dont un renflement osseux contient et protège le cerveau, c'est dans un crâne humain que vont se développer les plus hautes facultés spirituelles exercées par la vie terrestre. C'est là que se reportent comme en un répertoire à consulter, tous les faits de connaissance ou d'expérience survenus au cours de la vie présente, et que s'est même héréditairement concrété l'acquis mental ou instinctif d'un passé vital ancestral qui peut remonter au-delà même de l'espèce, jusqu'aux premières adaptations de la Vie au milieu terrestre. Ces enregistrements successifs peuvent n'être que partiellement conscients ou même indistincts, mais point annulés. C'est ainsi que phénoménalement surgissent parfois les plus surprenantes réminiscences dont la cause n'est que là. C'est même parce que tout cet historique vital est présent dans ces archives cérébrales, et se transmettent dans la descendance, avec la contexture particulière de l'organe, qu'une race, par exemple, maintient dans le temps sa personnalité morale par son clavier mental ou passionnel générativement transmis, lequel continue de la différencier des autres races.

Or, il y a là plus qu'un fait d'enregistrement de sensations matérielles ; il y aussi l'accompagnement d'un travail d'ordre spirituel, car la formation de facultés telles que la curiosité, la combinaison, l'invention, la perception des lois naturelles, le sens moral, sont évidemment à part et fort au-dessus des faits d'une passive perceptibilité. L'opinion des Locke, des Condillac, de toute l'école sensualiste, qu'il ne se trouve rien dans la pensée qui n'ait d'abord été dans les sens, ne saurait expliquer une mentalité tantôt se concentrant sur un infime objet, tantôt s'irradiant dans la vision d'un univers. Une pensée humaine qui a la notion du beau, du juste, du bien et du mal, rien de tout cela ne pourrrait être dans le toucher matériel, sens qui physiologiquement résume tous les autres sens. Et, plus que jamais se marque ici visiblement, à la fois liée et distincte, l'action des deux principes Esprit et Matière si diversement agissants, quoique réunis en nous.

Avec l'avancement intellectuel et moral le crâne s'augmente et se soulève en proportion de cet avancement et détermine alors un angle facial de plus en plus ouvert, preuve de l'étroite relation du travail mental et de l'organe qui s'enrichit des nouveaux registres matériels de ce travail. Or, intelligence et matière cérébrale ne sont pas plus une même chose que le livre imprimé et la science qu'il exprime, ou bien que les cordes d'une harpe et la sentimentale mélodie qu'en tire l'artiste ne font qu'un. A propos de ce double caractère de l'organe cérébral, il est une remarque du philosophe Malebranche qui mérite d'être rappelée : celle que le cerveau, fini en tant que consistance matérielle et devant suffire à l'infini des impressions et des opérations mentales qui s'y rattachent, il semble inévitable qu'un même point du cerveau s'emploie à des affectations différentes, la matière étant limitée et l'idée ne l'étant pas. Il pourrait bien y avoir là l'explication de ces curieux rapprochements de l'analogie et de l'allégorie qui font se superposer pour l'esprit des idées et des images différentes, mais de même orientation, dans leur classement cérébral. En tout cas, la remarque est radicale comme attestation de la coexistence et des contacts évidents du matériel et de l'immatériel.

La distance est énorme entre la puissance du cerveau de l'homme et celle du cerveau des espèces animales, même les plus avancées. Mais l'attribut intellectuel, quoique inégalement exercé est le même, quel que soit le degré. L'orgueil de l'homme s'est complu à réserver à sa seule espèce ce noble attribut et à ne voir chez l'animal que des instincts automatiques. Pourtant l'instinct est-il autre chose que de l'intelligence ancestralement appliquée à travers d'innombrables générations, à des solutions physiologiques ou passionnelles toujours les mêmes dans l'espèce, et s'accomplissant aujourd'hui chez les descendants d'une manière machinale devenue héréditaire, et sans nouveau travail intellectuel? L'homme n'a-t-il pas lui-même sa bonne part de mouvements purement instinctifs où la raison et la conscience actives n'interviennent plus ? Sur toute l'étendue de l'ordre vital, l'intelligence active est manifeste, même dans le règne végétal où des initiatives intelligentes ont présidé à l'organisation et aux faits d'adaptation, de conservation et de génération Il suffit de considérer un instant quels ingénieux et très variés moyens servent aux végétaux pour s'entretenir, se reproduire, se défendre même contre les dangers qui les menacent. Une intelligence organisatrice et conservatrice y éclate partout. Quant aux animaux, à côté des impulsions seulement instinctives, il faut ne pas avoir observé leurs actes pour nier leur part d'intelligence active et initiale s'exerçant en raison de l'opportunité et des circonstances. Elle ne correspond naturellement qu'au genre de vie de l'animal, mais, au degré près, elle est la même que celle de l'homme, avec possibilité d'une certaine compréhension réciproque.

N'y aurait-il donc qu'automatique instinct chez le chien du pauvre aveugle qui conduit docilement son maître, lui évitant les obstacles, l'arrêtant où il convient et dans des conditions qui sont, non celle du chien, mais de l'homme dont il a la garde ? Ne voir dans les animaux de toute classe que des automates est une erreur énorme dans laquelle cependant sont tombés d'éminents esprits. Descartes lui-même que ses études d'anatomie avaient instruit du mécanisme musculaire et nerveux avec ses mouvements directs ou réflexes, plus peut-être au figuré qu'au réel, a parlé de cet automatisme animal. Or, un tel automatisme ne serait-il pas aussi bien le fait de notre propre espèce en tout ce qu'il y a chez elle de vie organique et de mouvements instinctifs ?

Répétons-le, comme tout ce qui est de la vie, il n'y a pas dans l'encéphale d'exercice mental sans action matérielle. Le travail de la pensée s'accompagne de très complexes mouvements moléculaires corrrespondants ; des sécrétions spéciales se forment sous cette action ; un cerveau surmené se fatigue ; des efforts de pensée dépassant la consistance et la résistance d'une contexture cérébrale, peuvent causer sa dislocation comme se désaccorde une harpe trop violentée et qui sonnera faux. Cette relation est telle que les circonvolutions du cerveau diffèrent de race à race, d'homme à homme. L'éther, corps matériel de l'espace et l'Esprit immatériel animant ce corps ; et, de même, l'intelligence spirituelle activant un cerveau et la matière de ce cerveau ne sont pas plus identiques que ne le sont entre eux, par exemple, un principe de mécanique et le métal d'un appareil applicatif de ce principe. Le mot de Cabanis : « le cerveau est un viscère secrétant la pensée comme le foie secrète la bile » est absurde, les deux termes de la comparaison étant de genres différents. Qu'ont en effet de commun l'impondérabilité de l'un et la tangibilité de l'autre ? De ce que le spirituel dans la vie s'adapte au matériel, ce n'est point qu'il y ait là unité de nature, mais bien que l'être vivant représente une visible conjonction des deux principes s'activant l'un l'autre, cause précisément du mouvement de la vie.

Tout ce que nous avons constaté et examiné jusqu'ici conclut à des manifestations de l'Esprit s'exerçant sur la Matière, tous deux aux prises dans une évolution universelle laquelle n'évolue que parce qu'il y a là conjugaison de deux propulsions différentes. Il en est de même pour le travail de la pensée venant activer une matière cérébrale.

Nous avons déjà entrevu dans la cellule vivante et tourbillonnante, comme un remous terminal, comme une répétition en infiniment petit, du tourbillon sidéral universel.

Qui sait si, dans ces systèmes de systèmes vitaux que représentent les édifications de la vie, et particulièrement dans un cerveau supérieur, il n'y aurait pas sujet à quelque analogique aperception de l'ultra-univers à jamais fermé aux investigations positives de l'homme ?

Quel pouvoir de vision analytique nous dévoilera cet indicible microcosme cérébral qui virtuellement est lui aussi un univers ! C'est là, qu'à des profondeurs matérielles plus insondables en leur infime petitesse que l'infini des étendues spaciales que scrute l'œil de l'astronome, se constellent, gravitent, vivent des systèmes matériels de cellules que groupent, pénètrent, meuvent et dirigent encore l'Intelligence, la Volonté, la Force immatérielles.

Concluons et disons qu'en cette merveille des merveilles de la Vie qu'est un cerveau humain, couronnement actuel de la vie sensitive sur notre planète, se voit la plus haute manifestation terrestre des attributs du principe spirituel opérant ici sur une matière cérébrale, comme elle opère à divers degrés dans tout l'ensemble matériel de l'évolution dualiste universelle.

## L'homme

Si nous avons tâché jusqu'ici d'établir avant tout la vérité du dualisme cosmogonique et biologique, c'est qu'il eût été, nous semble-t-il, prématuré d'aborder la question religieuse dans le dualisme universel, si préalablement la question scientifique n'avait été bien éclairée. La doctrine dualiste ne pouvant être qu'une, c'est, si l'on peut dire, la matérialité du fait dualiste qu'il fallait d'abord dégager avant d'en envisager la portée morale et religieuse. Et, pour succincts, mais conformes, croyons-nous, aux plus positives données scientifiques qu'aient été nos aperçus, il suffit qu'ils apparaissent sous un jour de vérité, pour qu'ils décident les convictions, en attendant qu'un contrôle plus approfondi, orienté dans ce sens, corrobore la théorie dans toute l'étendue du domaine des sciences. Dans le cadre restreint où nous nous tenons avant de considérer la doctrine qui s'impose, il nous reste encore à donner un croquis positif de l'homme considéré sous son exact aspect biologique, base terrestre de son être psychologique.

Notre espèce représente le degré d'avancement animal le plus élevé qu'ait atteint jusqu'ici l'évolution vitale sur notre globe. Dans la classe la plus avancée, celle des mammifères, et, dans l'ordre des primates, l'homme se détache comme placé au plus haut degré de l'échelle des êtres et représentant le couronnement de la vie terrestre, sans qu'il se sépare par aucun caractère zoologique particulier de l'évolution animale qui a précédé sa venue. Physiologiquement, de tous les organes qui le constituent, il n'en est pas un seul qui ne lui soit commun avec quelque autre espèce.

C'est en vain qu'après Aristote, d'éminents naturalistes tels que de Quatrefages, Flourens, Muller et autres ont prétendu admettre un quatrième règne, le règne humain. Aux points de vue psychologique, sociologique ou religieux, il ne serait sans doute pas déraisonnable de constater une démarcation radicale entre l'homme et l'animal, mais ce serait sortir, sans le moindre témoignage organique, du domaine de la zoologie. Notre espèce est tellement la simple continuation des degrés ascensionnels de l'évolution vitale et du transformisme des espèces, que les diverses phases traversées par la croissance du fœtus humain représentent une véritable récapitulation de l'échelle zoologique parcourue jusqu'à notre espèce. C'est ainsi que l'embryogénie humaine développe tour à tour les différentes formes de ver, de zoophyte, de mollusque, de poisson, de reptile, d'oiseau, enfin celle de mammifère, avant l'apparition de l'enfant qui verra le jour au sortir du sein maternel.

L'enchaînement continu des classes, ordres, familles, genres et espèces dont nous avons déjà compris le transformisme effectif réalisé dans l'ordre vital, a donc sa preuve visible dans le cadre embryogénique ci-dessus rappelé. Le fait expérimental, dans l'enfantement de cette évolution récapitulative de tout le chemin parcouru par le transformisme animal, jusqu'à la forme spécifique la plus parfaite de la vie terrestre actuelle, ne permet, par conséquent, aucun doute sur la solidité du principe que nous avons avancé de l'unité de la vie, y compris le règne végétal qui a ses points de jonction avec le règne animal.

Dernier et plus haut échelon de la gradation ascendante des espèces successivement formées, voilà zoologiquement tout ce qu'est l'homme. « Il procède — dit Haeckel — de primates inférieurs. Ses ancêtres sont les singes anthropoïdes et antérieurement les cynocéphales » Cette ascendance animale, Charles Darwin l'a lui aussi attestée en l'entourant des meilleures preuves ; et avant ces deux naturalistes, Monet de Lamarck avait dit : « La race de quadrumanes la plus perfectionnée aura pu devenir dominante, changer ses habitudes par suite de l'empire absolu qu'elle aura pris sur les autres et, de ses nouveaux besoins, en acquérir progressivement des modifications dans son organisation, et des facultés nouvelles et nombreuses ». On a pu trouver choquante cette ancestralité animale, mais une fois qu'on a bien compris l'unité de la vie et l'évidence du transformisme ascensionnel des espèces, l'esprit ne répugne plus à reconnaître au-dessous des races humaines inférieures des degrés d'existences animales assez rapprochées et dont la forme humaine ne diffère que parce qu'elle les a dépassées en avancement vital. Et, dans notre propre espèce, le mouvement ascensionnel ne se continue-t-il pas de race en race, avec un énorme écart des inférieures aux supérieures ? Encore et toujours la montée constante du principe actif immatériel se manifestant de plus en plus maître de la matière et sans cesse exerçant ses attributs propres d'intelligence, volonté et force. Que signifierait donc cette progression à travers les âges de l'évolution vitale, si des forces directrices supérieures ne la commandaient ? Pourquoi ce mouvement toujours grandissant d'intelligence, d'initiative et de puissance dans l'enchaînement des espèces, c'est-à-dire dans l'essort vital surgissant des évolutions astrales, si la vie n'est pas l'œuvre et l'action même du principe immatériel, cause active et déterminante, dès ses commencements, de l'évolution dualiste des mondes ? N'est-ce pas ce principe qui se ressaisit pour ainsi dire, et remonte vers son entité pure ? Et c'est chez l'homme évidemment, chez le plus parfait des organismes terrestres, réalisé aux premières avancées de la vie, que le Principe-Esprit se manifeste le plus visiblement. Tel est le fait évident, et point n'était besoin, pour marquer la différence, d'un arrêt animal, puis d'une création spéciale pour l'homme.

« Les minéraux — dit Linné — croissent ; les végétaux croissent et vivent ; les animaux croissent, vivent et sentent ». « L'homme seul — a ajouté Geoffroy-Saint-Hilaire — pense». Ce dernier aphorisme est trop absolu. La pensée ou intelligence active s'exerce déjà chez les animaux supérieurs. Ce n'est pas d'ailleurs d'emblée que l'homme devait donner la mesure des nobles facultés qui l'ont élevé si au-dessus des animaux. Son intelligence grandissante a elle aussi évolué et façonné peu à peu son cerveau pour un exercice mental toujours plus étendu, et cela, conformément encore aux conditions vitales des divers milieux occupés par les différents groupes humains. C'est ainsi que l'humanité actuelle compte toujours des sauvages et des races de tous degrés d'avancement et que quelques rares sujets privilégiés atteignent à des sommets moraux presque divins. « L'homme — selon de Bonald — est une intelligence servie par des organes ». L'homme est plus que cela ; il est une intelligence formatrice de tout son organisme matériel, et, pour qui sait observer, il n'est pas de plus étonnante merveille que cet organisme où tout, jusqu'aux derniers détails, a son appropriation raisonnée et se relationne avec l'ensemble en parfaite harmonie.

Zoologiquement nous avons dû nous refuser à reconnaître une démarcation admissible entre la nature de l'espèce humaine et celle des autres formes vivantes du globe. L'attribut Intelligence lui-même est commun, au degré près, à l'homme et à l'animal. Toutefois un fait nouveau se produit dans la manifestation de ce même attribut, par l'apparition chez l'homme de la conscience, phase terrestre illuminative où l'Esprit se ressaisit plus librement. L'éveil *conscient* de l'intelligence est en effet la seule distinction radicale qui, dans la succession des espèces, place à part l'être humain. Et, c'est à cette conscience de soi et du monde extérieur, que doit se rapporter le ressort d'avancement et aussi l'inquiète passion de savoir et de toujours désirer qui ne cesse de grandir en l'homme, mais ne va pas sans luttes et sans souffrances. Là peut-être se rencontre l'explication du mythe religieux de ce Paradis perdu de la légende préhistorique, de cet Age d'or, de cet état de quiétude qui prit fin pour l'humanité lorsque parut l'âge agité de la recherche de la science et de la connaissance du bien et du mal.

A partir de ce conscient éveil, l'homme se sépare de plus en plus de la condition animale. Il crée le langage, puis l'écriture, qui augmentent, par l'échange et la fixation de la pensée, sa puissance d'avancement moral et matériel. L'état de société et de solidarité humaine, graduellement aussi, multiplie ses facultés et son pouvoir. L'art, la science, l'organisation sociale s'élaborent, se perfectionnent et ennoblissent l'humanité. L'intelligence, ce premier des attributs du Principe-Esprit, va, dès lors, se dégageant et s'épurant de plus en plus sur la terre, laissant en arrière les longues périodes d'obscurité intellectuelle dont le ressouvenir persistera dans cette rétrospectivité mentale dont sont sortis les mythes théogoniques, les symboles, les poèmes anciens célébrant le triomphe de la Lumière sur les Ténèbres.

Et, avec la Lumière-Intelligence, s'éveille aussi la mystérieuse voix du Sentiment, faculté toute spontanée et aspect également de l'essor du Principe-Esprit, dans lequel se marque plus directement l'impulsion supérieure qui conduit l'évolution humaine. Car il y a dans le sentiment, comme un secret dessein qui commande la marche de l'humanité, et se marque avec les différences nécessaires, selon les rôles individuels à remplir, pour mener la vie à ses fins. Or, cette voix impérieuse et ces fins cachées notre raison pratique ne saurait encore les pénétrer. Ce qu'elle peut y comprendre de mieux, c'est la convenance et la nécessité d'obéir à ces ressorts naturels en veillant seulement, aidée de la notion du bien et du mal, à ne pas les fausser ni violenter. La constatation de ce grand ressort humain, sentimental et passionnel, présent sous les aspects les plus divers chez tous les hommes, est de toute première importance en cette étude. Nous allons tout à l'heure l'examiner avec l'attention qu'il mérite.

A présent, pour arrêter ce chapitre, lequel serait interminable, et pour nous limiter aux traits qui suffisent à montrer l'homme ce qu'il est, à sa réelle place psychologique et physiologique, nous terminerons par quelques mots sur un sujet assez spécial, mais qui nous paraît devoir utilement compléter ce succinct exposé. Il s'agit de ce que nous estimons être la cause précise et explicative des étranges phénomènes du magnétisme, de l'hypnotisme et des interprétations surnaturelles que les nombreux amis du merveilleux se pressent à l'envi de leur trouver. Il se dégagera de cette explication la part scientifique et la part imaginative qu'il y a à reconnaître dans ces phénomènes qui passionnent à cette heure tant d'esprits. Il en ressortira aussi un nouveau témoignage de la réalité physico-spirituelle de notre personnalité.

Reportons-nous à cette constatation groupale qui est celle de tous les corps animés, à ce que nous avons reconnu comparable à des essaims de cellules en tous sens précipités les uns sur les autres, tourbillons de tourbillons moléculaires se répartissant en groupes organiques divers et solidaires, dont les mouvements particuliers s'harmonisent ensemble dans l'être autonome. Cette activité moléculaire intense n'est cachée à nos yeux que parce qu'elle se passe à des profondeurs de petitesse atomique insondables, les mouvements humoraux, viscéraux, musculaires n'en étant que des aspects collectifs visibles. Ce tourbillonnement général des unités matérielles formant notre corps, ne peut pas ne pas être, sans quoi l'activité physiologique si complexe et variée ne serait point.

Sachant maintenant avec quelle facilité les ondes de toute nature s'élancent sans entraves et de toute part, au sein de l'éther élastique universel, se croisent en tous sens librement et sans se confondre comme nous le constatons par les sons, les émissions lumineuses aux mille foyers, le corps animé que nous venons d'envisager nous apparaîtra nécessairement tel qu'un foyer d'émissions rayonnantes causé par le tourbillonnement physique de toutes ses molécules en trépidation.

Et cette radio-activité vitale ne peut pas non plus ne pas être, puisque tout ébranlement physique, si faible même soit-il, agite l'océan éthéré. Or, cette radio-activité ne saurait avoir d'autre figure radiante, interne et externe, que celle de la forme même de l'ensemble des complexes mouvements que répercutent au loin les ondes par eux émises. Ce ne sera pas une irradiation uniforme, ce sera un tourbillonnement éthéré, image fidèle du tourbillonnement de l'intégral essaim moléculaire corporel.

Et la force initiale de l'émission n'a pas besoin pour cela d'être très grande, étant donnée l'élasticité presque infinie de l'éther.

La télégraphie sans fil nous est un exemple d'émissions lointaines, en même temps que d'irradiations particulières traversant l'éther sans le moindre trouble ni empêchement causé par l'infinité des autres ondes de toute nature qui agitent l'éther dans tous les sens.

Rappelons-nous aussi que l'océan éthéré représente le plus impondérable des états de la matière, dernière et incoercible consistance de la matière atomique constituant l'espace qui n'est que par elle ; et que tous les corps physiques qui baignent dans cet océan d'espace matériel : les solides aussi bien que les gaz, que les effluves les plus légers, ne sont tous qu'amas constellés de molécules, entre lesquelles, et quelle que soit leur densité, les ondes éthérées se jouent librement.

C'est donc comme un nimbe d'ondulations vibrantes très compliquées qui se trouve envelopper tout corps vivant, et se distendant alentour de plus en plus. Or, étant connue la prodigieuse élasticité du milieu éthéré, c'est assurément très loin que se propagent les dernières vibrations de ce nimbe animé,

N'ayons donc aucune hésitation à comprendre le transport au loin d'un nimbe humain rayonnant dans l'espace, avec la répercussion des moindres détails de toute l'activité organique de leur foyer vivant, et aussi les contacts naturels de nimbe à nimbe. Il ne s'agit pas ici d'une subtile hypothèse, mais d'un fait rigoureusement scientifique commun à tous les foyers quelconques de mouvement. N'est-ce pas à ce fait purement physique qu'est due la possibilité des analyses spectroscopiques de la composition des étoiles, dévoilée par la disposition des ondes lumineuses qui viennent s'étaler à travers le prisme de cristal ?

La radio-activité vitale, fidèle représentation infiniment amplifiée de tout l'être lui-même fluidiquement projeté, si elle a été bien saisie et comprise, on admettra facilement qu'elle ne concerne pas uniquement la seule circulation physiologique ; qu'elle s'applique aussi bien aux ébranlements encéphaliques causés par l'activité mentale de telle ou telle partie du cerveau ; puisqu'il n'y a pas dans le dualisme vital d'essor spirituel sans effet matériel.

N'avons-nous pas là l'explication logique et ne sortant pas du domaine de la vie, de tant de phénomènes mystérieux dus à des contacts à distance des nimbes individuels, avec répercussion sur leurs foyers personnels : télépathie, pressentiments, suggestions secrètes ? Ces choses qui s'expérimentent journellement et très positivement, n'ont plus alors rien de surnaturel. Et si nous comprenons aussi que ces émissions radiantes ne s'effectuent pas sans quelque emploi effectif de force impulsive, nous ne verrons encore dans certains cas d'ébranlements physiques réellement expérimentés, que des faits s'expliquant logiquement, laissant bien entendu de côté les folies, sinon les charlataneries du spiritisme.

Ce rayonnement animé est un fait de physique organique ayant une intensité comparable à celle de la lumière, bien que d'une autre contexture d'ondes. Des expériences récentes, auraient, assure-t-on, réalisé des images photographiées, sous le couvert d'épaisses enveloppes et par l'effet direct du seul rayonnement corporel.

Point n'est besoin, on le voit, de faire intervenir des esprits désincarnés, ni d'autres causes occultes, dans des phénomènes où tout ce qui se constate de réel s'explique par les lois courantes qui régissent la vie en toutes ses manifestations.

Il ne nous a pas paru inopportun d'ajouter ces dernières appréciations au succinct exposé que nous venons de faire de la double nature matérielle et spirituelle de l'homme.

---

# DEUXIÈME PARTIE

## Le sentiment. — Le sens moral. — Le droit et le devoir

Les aperçus cosmogoniques, biologiques et anthropologiques exposés jusqu'ici étaient indispensables pour établir et faire voir la présence de deux principes en action dualiste dans tout ce qui physiquement et biologiquement existe. Et, si malgré leur brièveté, ces données élémentaires sont, comme nous le croyons, dans la vérité positive de la connaissance expérimentale, elles auront suffi pour nous convaincre de la visible dualité de causes qui préside à l'universelle évolution cosmique, vitale et humaine. Avant d'aborder les questions d'ordre particulièrement moral, il était indispensable, répétons-le, d'exposer notamment les lois des édifications biologiques pour établir la véritable origine de l'homme, chef-d'œuvre de ce monde, mais qui fait simplement suite au transformisme animal qui a précédé la venue de son espèce. Il fallait démontrer que la vie n'est qu'une, que l'homme n'est que l'aboutissement sommital de l'évolution vitale terrestre sans aucune différence d'origine organique avec les espèces du même ordre zoologique, et non ce roi de la terre, soudainement sorti tout formé des mains du Créateur, ou du creuset de la nature. Cela, il ne suffisait pas de l'affirmer, il était de première importance pour la doctrine, d'en établir la réalité scientifique et d'en montrer les preuves. Nous espérons que ce but aura été atteint malgré des démonstrations aussi sommaires en un si vaste sujet.

La vie, que nous avons vue grandir et progresser d'espèce en espèce, comment aurait-elle suivi cet ascensionnel mouvement, si une loi d'avancement vital ne la dirigeait dans les réalisations d'un plan et d'un but voulu ? L'espèce humaine entrant en scène, c'est une nouvelle phase de ce développement qui apparaît. Jusqu'à l'homme la vie animale semblait n'obéir qu'à des impulsions machinalement aveugles ; avec l'homme, c'est une vie maintenant consciente et dépassant les seules nécessités de l'existence animale qui commence.

Les mêmes pentes qui inclinent tout mouvement et tout avancement physique, en conformité du mystérieux plan de l'évolution terrestre, fait que tout ce qui s'écarte accidentellement de ce plan est bientôt ramené dans la marche de l'ordre physique. On peut en dire autant de la voie de l'ordre vital dont l'évolution va à la réalisation de fins terrestres spirituelles, et cette pente, véritable voie providentielle de l'évolution vitale, est aussi inéluctable que celle qui mène à l'ordre physique. Il devient, après cela, bien compréhensible que l'être vivant porte en lui-même le ressort de cette supérieure impulsion actionnée selon l'essor vital propre à notre monde. Et c'est ce moteur secret présent en chacun de nous, mais variant comme varie tout ce qui constitue une vaste et complexe harmonie, qui se montre dans les mouvements incoercibles que nous nommons sentiments. Si ces mouvements diffèrent d'individu à individu, c'est que l'essor vital terrestre nécessairement complexe veut des sujets pour toutes les variétés de cet essor. De là, cette diversité naturelle des tempéraments et des caractères qui fait que les hommes suivent des voies différentes et ne trouvent leur satisfaction intime qu'en cédant aux penchants secrets qu'ils portent en eux et dont l'accord ou le désaccord avec ceux d'autrui fera le bonheur ou le malheur collectif. De là aussi l'erreur de ceux qui conçoivent des doctrines et des systèmes basés sur l'uniformité humaine. Tout cela, comme nous le verrons plus loin, n'implique pas l'excuse des impulsions vicieuses, et non plus le déterminisme ni le fatalisme absolu, rien en ce monde, hormis les mathématiques, n'étant absolu.

C'est cette impulsion naturelle du sentiment qui, chez les meilleures âmes, se marque par le plus grand rapprochement spirituel, tels que les élans spontanés vers le beau, le bien, le vrai, et dont l'expression se voit dans la production des œuvres généreuses et les arts élevés. Les actes de bonté et de dévouement, les ravissements poétiques et artistiques sont faits de cette aperception confuse qui dépasse la vie commune et s'élance vers cet idéal du bien, du beau, de l'ultra-humain. Cette voix secrète s'élève chez les grands artistes et poètes qui nous initient à des beautés et des hauteurs sentimentales spontanément apparues en ces natures d'élite.

Le sentiment ne saurait être confondu avec la sensation. Cette dernière faculté, toute d'adaptation de la vie extérieure aux conditions et aux nécessités imposées par les milieux, se limite à l'exercice des relations physiologiques de l'être avec le dehors et ne dépasse pas l'actualité des phénomènes de la vie active. Les impressions de plaisir ou de souffrance apportées par les sensations affectent principalement le système nerveux et inclinent l'être vers ses fins naturelles. Ainsi la sensation est commune à tous les animaux ; tandis que le sentiment, d'une source beaucoup plus directe, pour un but moins immédiat, bien que confusément existant chez les animaux supérieurs, ne se fait jour franchement qu'en l'espèce humaine qu'elle incline vers des destinées futures d'harmonie bien plus hautes que ce qu'ont encore connu nos sociétés.

Le sentiment pur, disons-nous, relève directement de l'évolution spirituelle intégrale et c'est pourquoi ses mouvements s'effectuent chez l'homme en dehors, au-dessus plutôt de sa personnalité propre. Le sentiment ne s'analyse pas, ne se raisonne pas ; il se subit à l'encontre même de toute volonté. C'est le seul sentiment qui détermine en dernier ressort nos actes et nos destinées. Aucun fait de volonté ou de raison n'est capable de provoquer ou seulement d'empêcher le moindre élan sentimental, tandis qu'ainsi que l'a dit Blaise Pascal, « tout notre raisonnement se réduit à céder au sentiment ».

Nous venons d'envisager le sentiment sous son aspect le plus relevé, celui qui aura le dernier mot dans l'humanité perfectionnée de l'avenir. C'est déjà celui qui nous impulse vers la morale et l'impartiale justice, en dépit de l'intérêt et de l'égoïsme personnels, et ensuite plus haut vers l'aperception et l'aspiration religieuses, c'est-à-dire vers les suprêmes fins qui résident en l'au-delà comme en l'en deçà d'une scène planétaire passagère.

Néanmoins le sentiment qui incline une âme humaine peut aussi être impur, lorsqu'il est mêlé aux réactions subversives et matérielles qui résistent au courant de l'évolution vitale, laquelle ne s'avance qu'avec de continuels remous de résistances et de luttes, car c'est chose de la période humaine dans laquelle nous sommes, que se produisent à côté des natures morales, des êtres amoraux, de sentiments renversés et naturellement subversifs, comme il y a dans l'ordre physique des retours, finalement impuissants d'ailleurs, vers le chaos des commencements. Cela c'est encore et toujours l'étreinte dualiste avec ses luttes présentes, et dont le terme à pressentir sera l'épurement final du principe spirituel se dégageant du matériel.

Nous n'aurons à présent aucune difficulté à reconnaître que c'est du seul sentiment, expression de l'impulsion spirituelle allant à des fins futures, et non de la raison, laquelle ne spécule que sur l'acquis et le connu actuels de la vie, que sont nées la morale et la religion. C'est donc dans le domaine du pur sentiment que nous entrerons en cherchant à comprendre ce que sont la religion et la morale.

Par le sentiment seul s'explique et se comprend l'existence de ce que l'on appelle le sens moral. C'est la voie même de l'Esprit qui est en nous et qui va à ses fins vitales. Il ne relève que de lui-même et non d'un effet de notre raison, la raison humaine n'étant pas encore l'Intelligence intégrale et ne représentant que la part de clarté mentale entrée dans un être dont les facultés restent relatives au milieu où ces facultés s'exercent. La raison qui, nous l'avons déjà dit, est impuissante à déterminer ou seulement empêcher la plus petite émotion, est pareillement étrangère aux impulsions secrètes du sens intime qui dirige l'homme, et qui fera, à l'occasion, prévaloir sur l'intérêt personnel le sentiment de justice et de bonté.

Les attributs que nous avons reconnus au principe spirituel agissant au cours de l'évolution vitale : Intelligence, Volonté, Force, s'exercent dans tous les faits de la vie, que l'action en soit directe et immédiate, ou qu'elle découle de dispositions primordiales. Or, c'est parce que ces attributs sont distincts dans notre être, comme dans le Cosmos, que l'essor évolutif qui constitue une existence humaine peut rester ignoré de l'intelligence relative qui est en exercice chez l'homme actuel, tandis que le sentiment opère en dehors de la faculté intellectuelle.

Le sens moral, c'est donc la voix même du principe spirituel, tout comme le sentiment. Son rôle est tout d'impulsion initiale et supérieure vers les fins futures de l'humanité. Et, s'il se marque avec des différences, selon les individus, cela tient uniquement aux différences d'élévation spirituelle existant entre eux, et au rôle que chacun remplit dans la vie collective. La raison n'a pas de ces variations parce qu'elle représente partout et pour tous la même clarté intellectuelle portant sur la même scène terrestre, clarté plus ou moins vive, mais la même toujours. Elle n'est pas initiale comme le sentiment, ou elle ne devient déterminante que lorsque sa lumière nous décide entre choses en compétition, ou bien qu'elle fait prévaloir des motifs de préférence pour le parti à prendre. La raison seule, sans matière sur quoi s'exercer, sans apport sentimental ou passionnel qui l'incite et l'alimente, serait muette et comme un tribunal désert.

Ici se marque bien la distinction qui est à faire entre les deux premiers attributs du Principe-Esprit; Intelligence et Volonté, aussi évidents par leurs effets, et nécessaires l'un que l'autre, comme l'est, de son côté, l'attribut Force ou Action ; un seul de ces trois attributs ne pouvant se passer des deux autres, ni deux quelconques d'entre eux sans le troisième, en tout acte vital. Tous les trois apparaissent manifestes dans l'action universelle de l'Esprit opérant sur la Matière. Ils sont de même présents, distincts et actifs dans l'être animé en qui se voit un tableau — comparativement infime — de l'universelle scène dualiste. Et l'œuvre de vie ne s'accomplirait pas si l'être animé n'était secrètement impulsé dans le sens même de l'acccomplissement de cette œuvre. Ainsi, il existe réellement, conformément au but supérieur de la vie, un sens interne directeur des existences individuelles les inclinant en accord collectif vers les fins providentielles de l'humanité. C'est le sens moral, inné en nous, mais plus ou moins obéi, selon l'avancement ou le retard des individus. La raison est forcée de reconnaître ce sens intime, en constatant qu'il ne devient conscient de lui-même, que chez l'espèce qui va progressant toujours aux premières avancées de la vie terrestre.

Si le sens moral n'existait pas, la notion du droit et du devoir humains n'existerait pas davantage. La raison seule, la raison individuelle de chaque homme aurait beau entrevoir des avantages collectifs à pratiquer le bon droit, sa voix ne couvrirait jamais (comme il n'arrive d'ailleurs que trop malgré le sens moral) le cri des appétits et des intérêts individuels. Le droit, le sens moral naturel sont choses manifestement relatives à la haute existence sociale qui englobe les vies individuelles et les commande. Et le sentiment avec le sens moral inné en chaque âme humaine, et indépendants de la raison, c'est l'écho attirant de la puissante voix qui s'élève dans le grand Être humanité.

Nous disons que la notion du droit et du devoir humains découle du sens moral, comme ce dernier remonte au sentiment. Et c'est donc au sentiment, seul impulsif et dirigeant, qu'est dû l'avancement humain lequel se poursuit toujours, bien qu'en oscillant tantôt en avant, tantôt en arrière, selon les temps et les lieux, oscillations qu'ici encore nous constaterons comme marque universelle de l'étreinte des deux principes dont est faite la vie avançante.

## Le moi. — L'âme. — Le libre arbitre

Au-dessus de l'être physiologique, derrière tous les actes de la vie sensitive et mentale, il y a chez l'homme une aperception consciente de son individualité. C'est le moi qui connaît, et qui s'affirme tel qu'une résultante supérieure de tout ce qui s'anime et s'agite en l'homme, dans la mesure de son entière faculté de penser et de sentir.

Tout ce qui entre dans le plan d'une vie commençante, concourt nécessairement à la formation du moi ; aussi l'enfant naît-il pourvu d'une activité vitale, d'un tempérament physique et moral et d'aptitudes particulières qui lui constituent une individualité distincte. Il possède déjà le moi qui résulte des circonstances vitales et et physiques, ainsi que des caratères ancestraux réunis en lui.

Ce moi originel, d'abord latent, s'éveillera et se développera ensuite par la pratique de la vie, sans que change son essence constitutionnelle, mais en se complétant toutefois de toutes les acquisitions qui lui vaudra sa personnelle expérience. C'est ce moi développé et éclairé qui tient la balance de toutes les impulsions qui se lèvent en l'homme, les contient ou leur cède, a enfin conscience de sa personnalité, avec l'amour de soi-même. Et ce moi est un, indivisible et intangible, indépendant de la substance du corps et non pas, comme le voulait Auguste Comte, la simple résultante des qualités propres à l'organisme humain, puisqu'un corps mutilé par exemple, n'en conservera pas moins entièrement qu'auparavant l'intégralité du même moi. D'ailleurs ce moi se conserve intact, tandis que le corps ne cesse d'être une succession de molécules matérielles continuellement renouvelées, ce qui montre assez que l'homme n'est pas l'être uniquement physique des matérialistes.

Les lois physiques et chimiques qui régissent la matière comporteraient-elles également les lois qui dictent ce qu'on appelle l'ordre moral ? Quels rapports mutuels, quels accords pourraient exister dans la société, si de seules facultés matérielles fixes la gouvernaient, quels que fussent les attributs attractifs ou répulsifs qu'on essaierait de leur adjoindre, s'il n'y avait qu'à subir d'inflexibles fatalités justifiant et légitimant tout ce qui arrive ? Pourquoi et comment la société, c'est-à-dire l'être collectif englobant l'individu aurait-elle le droit d'empêcher ou réprimer les actes les plus subversifs et attentatoires à son existence? Il faudrait alors ôter du langage les mots : justice, vertu, crime, volonté, honneur, honte, cruauté pitié, exprimant pourtant des choses inhérentes à notre nature ; il faudrait renoncer à se faire une idée du bien et du mal qui ne sauraient être ramenés à de naturelles affinités ou répulsions, à de simples relations machinales aussi incoercibles que les lois physiques du mouvement ou de la pesanteur.

Un émule de Cabanis, Jean Meslier, curé d'Etrepagny, en son livre *La Religion Naturelle* est très intéressant par le grand nombre d'arguments qu'il a rassemblés à l'appui de sa thèse de la matériabilité de ce qu'on nomme l'esprit, chose qui n'est, à ses yeux, qu'un simple attribut du corps puisque, dit-il, l'esprit naît, se développe, s'éteint avec le corps. Or, les prédispositions ancestrales, la culture éducationnelle, les élans spontanés de l'esprit, au lieu de suivre en tout l'évolution corporelle, s'en montrent au contraire assez détachés pour diversifier du tout au tout des individus de complexion physique de même nature, et encore pour que, dans le suicide, par exemple, il y ait séparation violente et voulue de l'esprit du corps. Que le corps et l'esprit évoluent ensemble, en cela précisément consiste le dualisme vital. Mais leurs plus étroits rapports réciproques n'impliquent pas leur identité. Ce qu'il y a c'est seulement solidarité réciproque, mais temporaire.

Etablir une unification absolue du corps et de l'âme, l'un et l'autre subissant inséparablement, selon Meslier, les mêmes états de vigueur ou de faiblesse, cela n'a rien d'exact. Une âme forte peut habiter un corps débile et un corps vigoureux contenir une âme molle ; une cause exclusivement morale peut tuer la vie organique et un mal organique laisser intacte la force d'une grande âme. Il est certain que l'état physique influe sur le moral et réciproquement ; néanmoins l'esprit est d'essor plus ou moins actif par d'autres causes encore que l'état physique du corps. N'a-t-on pas quelquefois l'exemple de la plus grande lucidité d'esprit chez un mourant, à l'heure où précisément les facultés physiques s'éteignent ?

Le moi conscient n'a rien des lois et des dimensions de la matière. La personnalité est spirituelle tout en gardant les relations que commande la dualité de la nature humaine. Ainsi nous ne saurions d'une part, être physiologiquement la continuation de notre lignée spécifique, comme il est d'évidence, et d'autre part, posséder une individualité et un moi ne relevant que d'eux-mêmes. Cette personnalité, ce moi sont donc nécessairement relatifs à des essors de vie plus étendus que le simple essor individuel.

Et pourtant, d'où vient que l'homme est si pénétré, si jaloux de son individualité, de sa volonté, de sa liberté ? C'est que ces sentiments sont la voix altière du principe spirituel qui est en l'homme et qui parle même chez les plus humbles.

Ceci demande à être considéré de près. Il y a, au cours d'une évolution vitale, de continuelles éclosions de diverses puissances, il y a des vies élémentaires et des synthèses de vie allant des organismes inférieurs à l'être humain et même au-delà jusqu'aux organismes collectifs de nos sociétés ; il y a comme un bouillonnement incessant d'éruptions vitales où se marquent les différents efforts du retour du principe spirituel à son entité pure. Il y a la montée des âmes terrestres aspirant à se réunir à l'Ame universelle ; mais point ces monades animiques douées d'une existence propre et immanente, allant et venant d'organisme à organisme. Le principe spirituel ne se divise pas en spiritualités individuelles permanentes, comme le principe matériel en atomes finis et indestructibles. L'Esprit ne se fractionne pas comme la Matière, et c'est pourquoi il est virtuellement entier, quoique atténué en nos âmes sous l'étreinte matérielle. De ce que la lumière du jour éclaire avec des intensités diverses une infinité d'objets, il ne s'ensuit pas que cette lumière ne soit pas la même pour tous ces objets. Il en est ainsi de l'Esprit dont nous sommes tous à divers degrés éclairés et animés.

Il existe tout de même une personnalité effective de l'homme, le moi que nous examinons, mais ce moi n'est que relatif et n'existe que par rapport à notre vie présente et dans le rôle circonstanciel qui fait sa conscience actuelle. Ame, moi, personnalité, tout cela n'est qu'un et réside en l'Etre-Esprit, comme la substance du corps est en l'unique Matière universelle : l'un et l'autre en étreinte réciproque, mais sans rien perdre de leur respective identité.

Faut-il revenir sur l'incompréhensibilité d'une étreinte entre deux choses d'essences aussi différentes que la matière et l'esprit ? Nous ne pouvons que constater ce rapport et employer, à défaut de mot plus précis, celui que la langue nous offre comme le plus figuratif, celui d'étreinte pour exprimer l'action réciproque des deux principes l'un sur l'autre. Nous avons déjà observé que l'objection ne sert aucunement nos contradicteurs matérialistes tout aussi empêchés d'expliquer la réunion en une seule et même substance de ces deux inconciliabilités rationnelles, chose qui, de même que bien d'autres échappe à notre raison. Ce que celle-ci ne peut éviter de reconnaître c'est cette dualité de principes visiblement aux prises dans l'évolution universelle.

La conscience de notre indestructibilité spirituelle remonte donc à la nature immanente et éternelle de l'essence dont elle est faite, et la tenacité de ce sentiment est la cause des croyances posthumes, telles que le paradis et l'enfer des religions ou la métempsycose, croyances témoignant de la perpétuité de l'esprit qui nous anime. C'est ainsi que notre moi si entier, si absolu, sans être tout-à-fait une chose qui s'évanouit à la rupture du groupe matériel d'atomes qu'il dominait, puisqu'il laisse après lui des transmissions héréditaires, n'est pas un moi survivant tel quel à la vie présente. C'est, nous l'avons vu, le principe spirituel lui-même qui n'est qu'un et qui se manifeste en un cas personnifié de son ubiquité indivisible. La vie, qui n'est qu'une aussi, ne saurait produire des individualisations séparées de l'Esprit-Un. C'est en l'homme que se réalise la dernière et la plus haute synthèse des vies terrestres, et c'est en l'homme que s'affirme cette spiritualité avec une intensité telle parfois que son illumination soudaine peut effacer un moment le moi personnel, et le fondre en un éclair rapide dans le grand Moi universel. Cette mystérieuse et rare perception qu'ont connue certaines âmes d'élite, dit ce qu'est réellement le moi individuel. Et, sans aller jusque-là, il y a assez l'indice d'un tel rapprochement spirituel lorsque les âmes les plus nobles communient en souffrances autant qu'en joies avec l'humanité et tout ce qui vit, c'est-à-dire avec toute émanation, même inférieure du Principe-Esprit. La présence dans le microcosme humain du même alliage d'esprit et de matière que dans notre évolution cosmogonique, est toujours la manifestation de l'Esprit-Un, mais obscurcie par cet alliage et relativement personnalisée dans un rôle vital passager.

On ne peut traiter du moi sans penser à la place considérable que tient ce mot dans la philosophie allemande. Nous ne saurions ici aborder un sujet aussi étendu et compliqué que le moi connaissant, s'appliquant à tout ce que nous percevons autour de nous et qui n'est qu'objet, ou même n'est que création du moi pensant, qui seul voit le sujet. L'idéalisme le plus imaginatif s'est donné carrière dans cette philosophie allemande du moi et du non-moi qui va de Kant à Fichte et à Hégel. Cependant il n'y aurait pas qu'invention dans cette philosophie se disant transcendantale, et il nous semble voir dans le moi kantien cette haute identification du moi humain avec le moi universel et absolu, disons déjà le Moi divin, que nous avons plus haut envisagé. A ce moi intégral en effet se rapporterait ce moi philosophique. Seulement, on voit le philosophe allemand se perdre en interminables développements aussi insaisissables qu'inextricables et souvent même contradictoires.

Cet esprit, cette âme, ce moi humain opérant comme manifestation spirituelle en l'évolution vitale terrestre, et plus ou moins purement selon les degrés de l'étreinte alourdissante, exerce ses attributs d'Intelligence, de Volonté et de Force, en rapport avec l'élévation vitale, et non pas séparément, mais unitairement comme participant de l'Esprit-Un et universel. Ainsi donc, quoique relatif, il y a un libre arbitre de l'homme qui le rend responsable de ses actes.

Pour si succinct qu'ait été cet aperçu de la nature de l'âme et du moi humain, il suffit, croyons-nous, pour montrer que ce que nous nommons notre libre-arbitre est en somme une réalité relative, mais effective, en vertu de cette même communion de notre esprit en l'Esprit-Un, et exercé, comme tous nos actes, en conformité de notre double nature. Sans libre arbitre, on ne saurait parler de responsabilité individuelle.

Le fatalisme, qui serait la négation du libre arbitre, n'est pas non plus tout-à-fait un vain mot, puisqu'il y a une évolution s'accomplissant dans un plan nécessaire. Mais ici encore l'absolu doit faire place au relatif. S'il y a étreinte, s'il y a lutte entre les deux principes et si, cependant les fins voulues de l'évolution vitale doivent nécessairement s'accomplir, cela n'implique-t-il pas des efforts contraires au cours de cette étreinte ? Et, puisqu'il y a lutte, l'intelligence, la volonté et l'action humaines qui relèvent du Principe-Esprit s'exercent donc à leur place circonstanciellement et dans le relatif de leur rôle terrestre, ce qui constitue bien une certaine action initiale quoique relative, ici comme partout dans l'évolution universelle où l'absolu ne se trouve pas. De là le libre arbitre.

Le déterminisme qui fait remonter la cause de notre volonté à des impulsions ultra-humaines et n'y voit que l'effet nécessaire d'une harmonie et d'un ordre préétablis, ramène notre libre arbitre au pur fatalisme, tandis que l'indéterminisme le fait entièrement dériver de notre volonté propre et indépendante. L'un comme l'autre contient une part de vérité, soit le simple relatif d'un libre-arbitre contenu dans le cycle de l'évolution vitale à fins nécessaires, et disposant seulement de la part de volonté que le principe spirituel qui est en nous doit et peut exercer dans un rôle terrestre.

Il serait superflu, après cela, de venir démontrer l'éternité de l'âme antérieurement et postérieurement à nos existences humaines. Tout ce que nous venons d'examiner et constater de l'Esprit s'applique naturellement à nos âmes qui, dans leur individualisation passagère, n'en sont pas moins, bien qu'atténué, un essor de l'Esprit-Un, universel et éternel.

## La morale sociale et la morale religieuse
## Le bien et le mal

Si la nécessité de bien définir les choses dont on veut traiter s'impose à tout démonstrateur soucieux de clarté et d'exactitude, en aucun sujet plus qu'en celui que nous abordons en ce moment, cette nécessité ne fut de rigueur. Ces deux mots *Morale* et *Religion* qu'on accouple si communément, ces deux choses que l'on identifie même parfois l'une avec l'autre, présentent cependant entre elles une différence profonde. Ici même, nous en avons réuni les termes, mais avec le propos de les bien distinguer et de tracer avec précision le domaine de la morale qui ne saurait se confondre avec celui de la religion. La vie sociale a sa morale et la religion a la sienne.

Bien que le point de vue organique des sociétés et le côté vital des collectivités humaines, en tant que personnalités collectives, aient été seulement indiqués au cours de cette étude, la seule aperception de ces hautes existences globales suffira cependant à établir que l'individu-homme, qui n'est pour ainsi dire que la molécule de l'être social dont il fait partie, obéit nécessairement à des lois d'organisation propres à l'être collectif et plus hautes que les règles qui s'appliquent à l'individu isolé. Par lui seul, l'homme ne s'élèvera point; par l'être social une vie plus ample, un rôle et des besoins agrandis, une perspective plus lointaine, un but plus haut se dégagent et descendent imprégner et relever la personnalité humaine. En tous cas, elles s'imposent bon gré, mal gré, à toutes les existences individuelles.

Le sentiment de la morale, quoique englobé dans le sentiment religieux, n'est pas ce dernier sentiment. Le Bien et le Mal de la morale sociale n'ont de signification courante que par rapport à l'existence organique propre aux autonomies sociales. Toute action humaine qui concorde avec le sens de l'avancement de la vie collective, c'est le Bien social ; tandis que le Mal social répond à tout ce qui est contraire à cet avancement. Cet accord et ce discord sont tellement dans la loi naturelle de l'évolution vitale, qu'un plaisir intime est attaché à l'observation de cette loi, et que le remords, ou du moins un secret malaise trouble l'âme qui lui est rebelle. Le Bien moral est, tout entier dans les voies organiques de l'être collectif, et le Mal dans les voies qui lui sont opposées, c'est-à-dire désorganiques. Tout est là en fait de morale sociale, celle que les existences collectives imposent aux individus qui en font partie.

Or, il y a une autre morale supérieure qui découle plus directement des fins spirituelles de l'humanité. Et celle-ci, presque surhumaine et immuable en son principe, dépasse la vie présente : c'est la morale religieuse sur laquelle nous reviendrons plus loin.

L'autre, la morale sociale est relative et évolue au sein des sociétés évoluantes. Ainsi, les notions très diverses que les hommes des différentes époques et des différentes organisations collectives ont eues, ont et auront du bien et du mal, ont relevé et relèveront toujours de la période humanitaire et du genre d'organisation des sociétés auxquelles ils auront appartenu. On peut dire que cette dernière morale est la loi ou plutôt l'instinct de conservation propre à l'être social tel qu'il se trouve organisé ; et la dite morale, en dehors de quelques grands traits généraux permanents, varie sensiblement entre organismes sociaux diversement constitués pour des causes et raisons, soit de milieu habité, soit de conditions nécessaires d'existence, soit de culture intellectuelle. Cette variation ne saurait naturellement sortir de la mesure de la nature humaine, mais cette mesure est large et a pu permettre des écarts considérables dans la constitution des diverses sociétés que présente l'historique de l'humanité. Chaque famille humaine déjà n'a-t-elle pas ses caractères propres, une mentalité, des sentiments qui lui sont particuliers ? C'est ainsi que la morale des Sémites, des Mongols, des Nègres, ne s'identifie pas avec la nôtre.

Sans même sortir de la race et du milieu, le temps seul peut modifier la morale admise. Par exemple, celle des Anciens paraissait se limiter à des côtés plus personnels que la morale que nous concevons aujourd'hui. Avec Platon, le principe de la morale est que l'homme se trouve naturellement en guerre avec lui-même, parce qu'il est partagé entre l'amour réfléchi du bien et le désir aveugle du plaisir ; et qu'alors la bonne morale pratique est la vie mixte où se mélangent le bien et le plaisir. Le même Platon, en faisant de la légitimité de l'esclavage la base de l'existence sociale de sa *République*, était de son temps et ne trouvait pas immoral de disposer à son caprice de la vie d'un autre homme, s'il était de condition esclave.

Pour Aristote il ne s'agit aussi en morale que du bien de l'individu plutôt que de celui de la société. La morale chez lui a pour objet le souverain bien pour chacun.

Les Stoïciens estimaient que la morale c'est la force du caractère, la violence envers soi-même, le pouvoir de maîtriser sa propre nature, le mépris de la douleur et de la mort. Pourtant, au début de l'ère chétienne, Epictète dit que le devoir se compose des règles de conduite qui unissent l'homme à sa famille, à sa patrie, à l'humanité et à Dieu. La plupart des philosophes ont édifié la morale sur la raison. Or, ici la raison ne saurait venir qu'après le sentiment de la morale sociale, pour décider le citoyen à se conformer à la loi du bien collectif qui seule impose ce sentiment et le grave dans les cœurs. La raison certes est loin d'être fermée à la conception de l'utilité de la morale, mais ici encore son jugement se borne à corroborer, éclairer et appuyer un fait de sentiment initial.

Avec les temps modernes un certain avancement s'est fait : « La morale est la base des sociétés » dit Châteaubriand, et elle tient dans ce que Montesquieu nomme « les titres de l'humanité ». Cousin de son côté ne voit aussi la morale que sous l'aspect collectif, ce qui revient à la définition donnée au début de ce chapitre.

Telle est la morale sociale qui s'impose par les seules lois propres à l'existence collective supérieure aux existences individuelles. Et, que l'on envisage n'importe quel aspect du bien comme du mal moral, on n'y trouvera rien en dehors de cette loi naturelle d'organisation ou de désorganisation concernant la vie sociale. Les mots de droit, de devoir, de progrès, de justice, de bonté, d'honneur, de vulgaire honnêteté même, n'ont de valeur que par rapport à la solidarité constitutionnelle de tout ce qui compose l'être social ; ou, autrement, ces mots ne signifient plus rien. Ces choses cessent d'exister en effet dès qu'on n'envisage plus que le dernier terme d'une dissolution sociale : l'individu seul et insolidaire, détaché de tout lien collectif. Cette unité individuelle ramenée à soi uniquement qu'aurait-elle à voir en dehors de ses seuls intérêts et appétits immédiats ? Lorsqu'il n'y a plus ni solidarité, ni finalité commune et mutuelle, il ne reste plus, en toute réalité et logique, que les impulsions des seules tendances personnelles sans contre-poids ambiant. Et alors des termes comme ceux de licence, iniquité, vol, crime, n'ont plus de sens.

A ne considérer que l'avantage et le bonheur individuels et immédiats auxquels tend naturellement toute créature, il semble que l'égoïsme strict devrait être l'unique règle de conduite comme restant la seule qui soit directement conforme à l'étroit intérêt individuel, ainsi qu'il en est chez les animaux qui ne connaissent pas d'autres lois que leurs appétits et leurs instincts ; encore cependant voit-on chez quelques espèces des rapports de solidarité nés de la pratique d'une certaine vie collective. Et si l'on objecte que l'homme qui observe la morale de la solidarité agit, en quelque sorte, égoïstement parce qu'il y a là pour lui satisfaction et intérêt bien entendus, l'observation ne fera qu'appuyer l'assertion que l'harmonie morale est faite de l'adaptation personnelle des individus aux règles d'existence de la société. Celui qui trouve son plaisir à suivre le sentiment qui marque cette adaptation montre seulement par là qu'il est un homme véritablement social.

Toute la définition du bien social et du mal social est dans les considérations qui précèdent, et pour les individus comme pour les sociétés, le bien c'est l'harmonie, le mal c'est le désordre. La morale sociale s'accorde avec la raison et elle en a le calme. On ne lui voit pas les élans ou l'exaltation de la morale religieuse qui, elle, fait vibrer d'autres cordes de l'âme.

La morale religieuse est un entraînement naturel au-dessus et au-delà des choses de la vie présente. Sa loi est toute autre, alors même qu'elle comprend en soi l'acquiescement aux règles de la morale des sociétés, et dont elle reste encore le meilleur appui. Néanmoins si un cœur religieux est nécessairement moral, un esprit seulement moral peut fort bien n'être pas pénétré du sentiment religieux. Ainsi, ceux de nos sociologues athées du jour qui proscrivent l'enseignement religieux de n'importe quel culte dans nos écoles ; les utilitaires selon Bentham qui se confinent dans le domaine des seuls intérêts de ce monde ; les socialistes plus ou moins anarchistes d'à présent font abstraction complète de la religion, mais n'en reconnaissent pas moins une certaine morale à eux qui n'est assurément pas la bonne, mais enfin une règle de conduite humaine sans autre sanction qu'un raisonnement qui peut être faux, et laquelle morale est tournée contre tout exercice d'un culte divin. Or, à l'heure où nous sommes, nous voyons quelle déplorable déformation éducationnelle et morale de l'enfance donne l'instruction sans Dieu, exemple frappant du lien naturel existant entre la religion et la morale, serait-ce la seule morale sociale. Et sur celle-ci la morale religieuse a cet avantage qu'elle embrasse la conception du bien et du mal des deux morales à la fois, la sociale autant que la religieuse.

La distinction qui vient d'être faite entre la morale et la religion montre sans doute assez l'écart très grand qui existe entre les deux sentiments, lesquels cependant se concilient entre eux. Résumons-nous en disant que la morale simple est seulement de ce monde, tandis que la morale religieuse est surtout d'un au-delà de cette vie. Ce sont là les deux aspectsdistincts de l'évolution spirituelle qui mène l'humanité vers un perfectionnement continu de son organisation terrestre, et en même temps, à une aspiration secrète vers ses fins suprêmes dans l'Au-delà éternel.

## Le sentiment religieux et son évolution
## Le prêtre

Plus encore que la morale, l'élan religieux émane du pur sentiment. Cette intuition d'un au-delà vital, muette sur la terre jusqu'à l'apparition de l'homme, apparaît spontanément en même temps que l'éveil d'une conscience, ou plutôt du sentiment que cette conscience interroge. Comment l'être nouveau assez intelligent déjà pour commencer à se connaître, n'aurait-il pas cherché à s'expliquer les choses de la nature et sa propre existence ?

Ce ne fut pas assurément de prime abord que s'opéra le fait un peu abstrait de cet examen mental et sentimental. Mais, lorsque les mieux doués des premiers hommes, frappés d'inquiétude et d'appréhensions devant la mort, et tourmentés du désir de savoir, en vinrent à pressentir un Etre mystérieux, cause de tout cela, il y eût pour ces âmes neuves comme un premier apaisement répondant à leur anxiété ; car c'était déjà l'esprit de vie qui subissait l'attirance du Principe-Esprit. Telle fut l'éclosion du sentiment religieux qui allait tourner les âmes vers un au-delà de l'existence terrestre, sentiment encore vague, mais qui fait que le sauvage a déjà le respect et la crainte d'une puissance occulte. Dans la suite, une culture plus avancée le concevra et formulera plus positivement devant le spectacle des merveilles de l'univers, et particulièrement à la vue de la marche ordonnée des astres du firmament. Voltaire ne fut pas le premier à ne pouvoir admettre :

Que cette horloge existe et n'ait pas d'horloger.

La notion de cause, et de cause toute puissante, se fit jour nécessairement dans la raison humaine, en même temps que s'élevait la voix du sentiment religieux. La raison s'unit en effet au sentiment pour nous faire à la fois concevoir et sentir qu'une Cause suprême plane au-dessus de toute la nature et de nous-mêmes.

Pourtant il y a aussi des sceptiques, des athées pour qui tout n'est que hasard des mouvements de la matière ; pour qui la notion d'un Être spirituel, et d'un au-delà de cette vie pour nos âmes n'existe pas. Toutefois leur scepticisme a plutôt couleur de révolte contre les erreurs des religions établies, et l'abus qu'en font les ministres de ces religions. L'intuition, la pensée et le sentiment religieux n'en sont pas moins le fait universel. Maintenant, que cette intuition innée se traduise de diverses manières, depuis le fétichisme bizarre du sauvage jusqu'aux subtiles spéculations du métaphysicien, cela n'est qu'une question de degré dans la culture mentale des hommes. Au fond, c'est le même souci, d'abord inconscient, puis réfléchi, d'un pouvoir occulte et le même besoin d'un soutien idéal sur quoi puisse s'appuyer la faible connaissance humaine sollicitée hors d'elle et troublée par un formidable inconnu.

Lorsque notre réflexion s'applique aux choses de l'Au-delà, cherchant à en pénétrer le mystère, et s'exalte dans la compréhension d'une Existence suprême, ce que nous croyons ne tenir que de notre raison exercée, des barbares incultes et tout d'instinct le sentaient déjà et l'exprimaient à leur manière, tantôt en se prosternant devant de grossières idoles, tantôt en admirant ce qu'ils voyaient de plus merveilleux dans la nature : le ciel, les astres, et particulièrement le soleil bienfaisant dont les rayons éclairaient et réchauffaient la terre, mûrissaient les fruits et les moissons. Quand le savant Dupuis nous montre l'origine de tous les cultes dans l'adoration des astres, il prouve, à l'encontre peut-être de son propre scepticisme, que l'homme, être religieux, a tout d'abord rapporté au spectacle céleste le sentiment confus d'inquiète aspiration vers un inconnu rempli d'attrayant mystère. Ces astres, premiers objets de son adoration, devaient d'ailleurs n'être plus bientôt, sauf pour le vulgaire, que de simples figurations d'une puissance suprême dont la notion restait réservée aux seuls initiés de l'ésotérisme des premières grandes religions.

Nous avons reconnu, dans cette intuition spontanée d'un au-delà de cette vie, la voix même du Principe spirituel déjà assez détaché en l'homme du lourd alliage matériel pour commencer à reprendre son entité, pour sentir en chacun de ses foyers humains l'élan secret qui rapproche ceux-ci entre eux et les transporte ensemble vers leur grand foyer originel. D'un bout à l'autre de l'humanité on remarque partout quelque forme de croyance exprimant ce rattachement ultra-vital. Lorsqu'elle ne va pas jusqu'à la notion lucide d'une origine supra-matérielle, elle prend tout au moins, comme chez les anciens Arabes, les Indiens d'Amérique, les Australiens, le caractère d'un lien persistant entre les vivants et les morts, d'un culte des ancêtres et d'une sorte de déification des anciens chefs. Cela n'en représente déjà pas moins une notion spirituelle et ultra-vitale, bien que restreinte à la seule spiritualité humaine. Le même élan plus soutenu et plus ardent montera plus haut et enfantera les grandes croyances religieuses.

Ce n'est donc pas aux formes plus ou moins étranges, ou même absurdes de certains cultes que nous attacherons pour le moment de l'importance. Ce qui nous frappera par dessus tout, ce ne sera pas qu'une croyance soit grossière, impure, insensée, ou bien haute et presciente ; c'est qu'elle représentera toujours une expression du même sentiment de l'ultra-vital. Ce qui est d'abord manifeste c'est l'imperfection de notre nature ignorante de son origine et de ses destinées, mais confusément avertie malgré tout d'un *quelque chose* à quoi nous nous rattachons, existant avant et après nous, avant et après la scène terrestre où l'humanité se sera agitée durant des milliers et des milliers d'années, lesquelles n'auront été qu'un instant dans l'éternité de l'existence universelle. Et il nous suffira que cette intuition secrète mais certaine se montre partout chez les hommes, pour affirmer que le sentiment religieux n'est pas une création de notre esprit, mais une réalité en elle-même, comme sont réels nos autres sentiments naturels et tous les faits psychologiques dont aucun n'existe et se produit sans être fondé en son objet. Tel est par exemple, le fait de l'instinct de la vénération assez souvent observable et qui n'existerait pas sans sa cause cachée d'attirance spirituelle.

Les interprétations cultuelles de l'ignorance, de l'illusion, de l'imagination humaine sont donc choses secondaires pour l'objet principal que nous examinons. L'essentiel c'est la conscience plus ou moins claire que nous avons d'un Etre universel contenant en soi nos chétives existences et s'imposant au-dessus de toutes nos conceptions ou imaginations. Or, l'évolution vitale qui toujours avance en spiritualité, rapprochera toujours davantage l'humanité de cette suprême Existence purement spirituelle.

Le monde habité qui compte toujours des sauvages, des barbares et des civilisés (l'évolution humaine en son cours actuel n'avançant qu'en ses premiers rangs et gardant les autres, jusqu'aux derniers, toujours occupés) nous montre coexistantes encore toutes les formes à travers lesquelles a évolué la progression humaine et particulièrement les degrés parcourus par la florescence religieuse. Les premières éclosions de ce sentiment se montrent partout d'abord sous l'apparence d'une puérile vénération envers de matériels objets auxquels est attribuée une puissance mystérieuse. C'est le premier pas, faux pas, si l'on veut, de cet instinct du surnaturel qui existe chez l'homme, mais qui, même lorsqu'il erre, le place fort au-dessus de l'animal, lequel est uniquement sollicité par des besoins ou des instincts physiologiques. « L'homme est un animal religieux » a dit, nous ne savons plus quel naturaliste qui ne trouvait pas une plus précise définition pour distinguer une espèce qu'aucun autre caractère essentiel ne sépare absolument de l'animalité. Et, sous une forme plus poétique. Lamartine, en son vers célèbre :

> L'homme est un Dieu tombé qui se souvient des cieux.

n'a fait que redire la même chose.

Herbert Spencer qui, en son livre *La Religion* s'est livré à une étude très documentée sur les origines religieuses, voit partout, et chez toutes les races, cette origine dans l'autorité morale que les morts gardent sur les vivants; dans les souvenirs pieux, les hommages et les sacrifices dont les ancêtres ont été l'objet ; et il voit l'origine des fonctions sacerdotales, dans l'office qui revenait, dans la tribu, au fils, au successeur, d'invoquer l'âme du mort et de lui offrir des sacrifices.

Il y a une positive vérité d'observation dans cette opinion de l'éminent psychologue. Néanmoins lui aussi s'est laissé aller ici à l'abus des objectifs exclusifs. Le culte des morts a sa grande part assurément dans les éclosions religieuses, mais il ne représente pas l'unique source des religions. Le gri-gri des Yolofs et des Congolais ; le crabe sacré des îles Marquises; la superstitieuse vénération de tel arbre ou de tel rocher, coutume qui se retrouve un peu partout, cette grosse pierre noire (qu'on suppose être un aérolithe) que les anciens Arabes allaient adorer à la Mecque, bien avant les mahométans, n'ont rien assurément d'un culte des morts et ne sauraient être d'abstraits symboles hors de la portée des grossiers intellects de ces primitifs.

François Dupuis, par un autre exclusivisme différent, ramène toutes les religions au culte des astres et particulièrement du soleil, opinion qui a aussi sa grande part de vérité. Il rapproche et compare entre eux les mystères, emblèmes et symboles des diverses grandes religions, y compris le christianisme, et en montre les historiques et frappantes ressemblances sabéistes.

Maintenant, après ces dernières interprétations et explications des origines religieuses il y a aussi l'opinion des superbes raisonneurs dédaigneux du simplisme des croyants, et qui ont, chose facile, tout simplement taxé d'aberration, de folie, de jonglerie et de sottise tout ce qui se rapporte aux religions et au culte. Nous laisserons ces fortes têtes à leur intellectualité « consciente et affranchie ».

On compte environ un millier de religions ayant existé ou existant actuellement sur la terre. Rien que ce nombre prouve à lui seul le vague et l'incertain de la croyance humaine ; mais en même temps il atteste avec d'autant plus de force l'indéniable présence dans le cœur de l'homme d'un sentiment qui demande impérieusement et de toute manière à s'exprimer et se manifester. Lorsqu'aucun de nos sentiments naturels ne laisse de s'extérioriser, de se produire par quelque démonstration visible, comment le sentiment religieux, le plus intime et élevé de tous, ne se serait-il pas lui aussi épanché ostensiblement ? Que le trouble et l'ignorance des esprits aient peuplé de créations chimériques les ténèbres de ce mystérieux et attirant inconnu ultra-vital, et les aient accompagnées d'imaginations et de pratiques étranges, quoi d'étonnant à cela ? Ce qui est à considérer par dessus tout, ce n'est pas la forme plus ou moins sensée qu'ait pu prendre une croyance ou un culte, mais plutôt que de nouveaux éléments aient sans cesse été recherchés pour nourrir ce besoin toujours persistant d'expansion religieuse, et que ce mouvement humain tout particulier ait suivi une évolution progressante en rapport avec les autres progressions mentales des sociétés.

Nous ne pouvons examiner le fait de l'évolution religieuse sans y constater toujours la présence de la classe d'hommes qui s'est partout donné fonction d'intermédiaire entre le peuple et l'objet divin du sentiment religieux. C'est ici surtout que l'exclusivisme des ennemis de la religion s'est volontiers exercé. Le sorcier, le devin, le mage, le prêtre sont à leurs yeux les seuls inventeurs des cultes, par eux imaginés de toutes pièces pour tirer avantage et profit de la crédulité populaire. Et ces détracteurs ne manquent pas de raisons, même parfois de bonnes, pour montrer le rôle des sacerdoces de toute croyance comme une usurpation d'influence et une exploitation intéressée des choses de la religion. Il ne nous coûte aucunement de leur concéder que, soit dans l'apparat des fêtes et cérémonies, soit dans l'imposition des miracles, il y ait pu avoir de l'intention et de l'invention. Cependant il n'y a pas que cela dans la vocation sacerdotale. S'il n'existait pas un fonds réel et solide de sentiment religieux chez le peuple, les prêtres eussent en vain essayé d'inventer des formes cultuelles et de bâtir sur un terrain inexistant.

Ensuite, c'est bien peu connaître les hommes que de ne pas tenir compte, même chez les meilleurs et les plus sincères, d'un inévitable mélange de vues personnelles accompagnant les plus nobles vocations : « Quand ie me confesse à moi même religieusement — a dit l'excellent Montaigne — ie treuve que la meilleure bonté que i aye a quelque teincture vicieuse ». Prenons donc les hommes de toute condition, y compris la sacerdotale, tels que la nature les fait. De ce qu'il y ait pu avoir, de ce qu'il y ait toujours des abus dans la pratique du sacerdoce, cela n'empêche pas qu'il y ait des vocations sincères et utiles pour l'office de l'enseignement et de la direction d'un culte. On ne saurait taxer de fourberie le prêtre même conscient de la fiction des articles de foi de la croyance qu'il professe. Il peut y avoir au contraire, en cela une réelle probité et la conviction de servir, sous l'autorité du dogme établi, le bien et l'intérêt du peuple en majeure partie ignorant, simple et fermé aux abstractions du concept divin. Ainsi que l'a dit Schopenhauer : « Pour éloigner les âmes barbares de l'injustice et de la cruauté, la vérité n'est pas utile, parce qu'elles ne la peuvent concevoir. L'utile est l'erreur, un conte, une parabole. De là procède la nécessité d'enseigner une foi positive ». Il y a beaucoup de vrai dans cette appréciation du meilleur langage à tenir aux « âmes barbares » lesquelles abondent bien plus nombreuses qu'on ne le croit, même chez les civilisés.

Tout ceci nous montre, en fait, que l'évolution religieuse est elle aussi un alliage de pur et d'impur, comme tout le reste de l'évolution humaine. En tous cas, et faute d'une pratique cultuelle plus parfaite, tout ralliement religieux sincère, même sous des fictions, a droit au respect. Et il y a aussi cette considération que l'ancienneté d'un culte établi, inséparable d'un passé national, constitue un ciment social faisant corps avec la nation. Une telle déférence envers les doctrines du passé n'empêchera pas, le temps venu, leur remplacement, ou plutôt leur continuation, par les principes religieux plus épurés qu'apportera l'avenir.

Herbert Spencer, dans son *Origine des Professions* observe et décrit l'historique général des aspects que prend partout le rôle d'intermédiaire divin, depuis le jongleur sauvage et le devin ou magicien barbare, jusqu'à l'hiérophante païen et se continuant chez le brahmane, le bonze, l'iman et aussi le prêtre chrétien. Ces interprètes des cultes ont partout, à l'origine des sociétés, constitué une classe intellectuelle dirigeante unissant, conjointement au sacerdoce, les attributions de médecins, poètes, musiciens, artistes, historiens, juges, savants, c'est-à-dire tout ce qui encadre et domine moralement la vie sociale. Dans l'antiquité les seuls édifices permanents et achevés étaient les temples dont des religieux avaient été les architectes. Au moyen-âge, tout ce qui existait d'intellectuels n'avait d'abri assuré que dans les ordres religieux. On peut ajouter à cela que les gouvernements ont été longtemps théocratiques et que plusieurs ont conservé jusqu'à nos jours quelque chose de ce caractère. Avec le temps et l'avancement social, se détachèrent graduellement et s'isolèrent les fonctions de médecin, de magistrat, de professeur, mais les premières racines de ces professions n'en remontent pas moins à la caste sacerdotale qui a dominé une longue période de l'histoire de tous les peuples et aidé, comme le veut Schopenhauer, à l'amélioration humaine par l'erreur même dont veulent quelque mélange, chez l'homme, les plus hautes aperceptions mentales et sentimentales.

Il y a, nous l'avons vu, dans le grandissement et le développement du sentiment religieux toutes les marques d'une évolution avançante qui a conduit l'humanité, depuis les superstitions les plus enfantines jusqu'aux abstractions les plus hautes de la métaphysique religieuse ; et non pas en progression régulière, mais en des alternatives d'avancement et de recul, comme nous l'avons déjà remarqué pour tout le mouvement évolutif de l'ordre vital autant que de l'ordre physique. C'est ainsi que la phase que nous traversons aujourd'hui dans le monde civilisé est plutôt en mouvement de retrait que d'élan du sentiment divin, phase à laquelle se trouve correspondre un considérable abaissement moral autant dans la vie publique que dans la vie privée. Mais l'essor opposé à son tour reviendra, car c'est dans l'ordre naturel. Et certainement il surgira un nouveau progrès cultuel et un relèvement moral de même hauteur que les grands progrès scientifiques et matériels qui ont été réalisés en cette dernière période d'indifférentisme, sinon d'irréligion absolue.

Puisse alors la pure vérité religieuse que nous essayons ici de dégager, éclairer de sa divine lumière cette future et peut-être prochaine reprise d'essor cultuel.

## Les premières religions

On peut mentionner en bloc les religions fétichistes. Toutes ont le même aspect d'enfantine vénération pour de puérils objets auxquels est attribuée une vertu mystérieuse. Le fétiche du sauvage n'est en quelque sorte que la matérialisation nécessaire à son grossier intellect, d'un inconnu troublant, sans que son pauvre esprit cherche d'ailleurs rien de plus qu'une aide et une protection personnelles. Lorsque le culte des morts vient s'imposer à son sentiment, que l'homme primitif les invoque et les associe à sa vie, il a déjà fait un pas plus marqué vers la spiritualité. Le nom de religion convient à peine à ces premières pratiques superstitieuses. Ensuite viendra une commune divinisation des astres, des éléments, du tonnerre et des autres phénomènes de la nature. Quoi de plus compréhensible que cet hommage direct rendu tout d'abord au dieu Soleil dispensateur de lumière, de chaleur et de vie, joie de la terre et gloire des cieux ? Toute l'humanité, durant d'incalculables temps préhistoriques, pratiqua le sabéisme. Tout peuple a une mythologie primitive dont les dieux, sous différents noms, sont des personnifications des astres principaux. Et la trace laissée dans l'esprit humain par un si long exercice du culte des astres est si profondément gravée en lui, qu'après avoir servi de base à tous les polythéismes, elle se trouve encore reflétée à l'état d'emblèmes dans les dogmes et les rites du monothéisme lui-même qui garde des fêtes et des cérémonies célébrées à des dates astronomiques. C'est ainsi par exemple que, dans nos églises encore, les six planètes connues des Anciens sont figurées par les six cierges de leurs autels, plus le Saint-Sacrement au milieu avec l'image visible des rayons du soleil, le soleil et la lune comptant parmi les sept astres qu'ils voyaient en marche sous le firmament des étoiles fixes.

Les astres, considérés en eux-mêmes comme personnalités divines, devaient ensuite faire place à une notion plus élevée de Cause universelle,d'un Etre suprême maître et ordonnateur de ces signes célestes ramenés dès lors à leur réalité d'objets matériels. On pourrait toutefois ajouter à cela que les astres ne sont pas seulement matière, qu'ils représentent autant de scènes où règne, de même qu'en notre propre globe, le dualisme des deux principes et qu'une attirance mutuelle relie certainement entre elles les vies de ces mondes sidéraux, en gravitation spirituelle autant que matérielle. Cela ferait que l'élan sabéiste, ainsi que l'attraction mutuelle de tout ce qui vit, aurait déjà, par cet aspect spirituel, un réel caractère religieux.

Pourtant, dès une antiquité reculée, la notion de Cause intégrale suprême avait été perçue par une élite qui, sans se séparer ouvertement du vulgaire, et tout en lui laissant un plus tangible aliment cultuel, institua un enseignement supérieur et réservé dont les initiés seuls connaissaient le secret : le *spiritus* abstrait au sujet duquel Platon disait que « la religion du peuple n'est que l'exotérisme d'un culte plus haut connu seulement d'un petit nombre de privilégiés ». On sait que l'un des principaux crimes imputés devant le peuple à Socrate, par ses ennemis, fut qu'il enseignait que le soleil et la lune étaient des pierres et de la terre.

De ce Dieu-Esprit, de cette croyance ésotérique voyons ce qu'il en transparaît dans les livres sacrés des grandes religions de la plus vieille antiquité :

La cosmogonie persane du *Zend-Avesta* est dualiste, bien qu'au dessus de ce dualisme elle nomme un principe supérieur, l'éternel *Zervane-Akérène*. Tout dans le mazdéisme se ramène à deux principes opposés et primordiaux : Lumière et Ténèbres, Bien et Mal personnifiés dans *Ormuzd* et *Ahrimane*. Au commencement était le monde spirituel. Vint ensuite le monde matériel accompli par Ormuzd en six époques. Zoroastre le réformateur du mazdéisme n'admet pas la perpétuité de la lutte des deux principes. Un temps viendra où Ahrimane sera définitivement vaincu par Ormuzd en qui tout fusionnera. Le parsisme, la religion du peuple, se traduisait en l'adoration des astres et du feu. Il en reste encore des sectateurs.

La cosmogonie hindoue des *Vedas* est dualiste également. Comme culte populaire, avec la croyance aux transmigrations des âmes, la religion brahmanique a l'aspect d'un panthéisme naturaliste comportant d'innombrables personnifications divines. En son essence doctrinale cette religion honore d'abord *Brahma* créateur de l'univers ; puis *Vischnou* conservateur, incarnation de Brahma et qui a de nombreux avatars successifs, entre autres en Krishna et en Çakya-Mouni, ce dernier fondateur au V^e^ siècle avant J.-C. du bouddhisme, modification du brahmanisme ; puis *Siva*, rénovateur au cours des temps, vient compléter la trinité védique. Le suprême devenir c'est la fusion finale en l'Etre universel, dans le *Nirvâna*. Comme chez les Perses, un principe primordial domine le dieu Brahma lui-même. C'est *Brahm* cause première et éternelle de tout ce qui existe en l'univers lequel ne fait qu'un avec Brahm.

Dans la conception déjà si ancienne de la coexistence en l'univers de deux principes co-éternels nous avons la pensée de la plus accomplie des races humaines, de ces Aryas Perses et Hindous, qui sont les ancêtres des Européens. Aussi la mythologie barbare de notre Occident présente-t-elle de son côté quelque reflet de la même lueur spirituelle, telle l'*Intelligence invisible* qui, pour les Germains a présidé à la formation du monde ; telle chez les Celtes, la métempsycose qui s'enseignait par les druides comme par les brahmanes, avec une croyance positivement dualiste, esprit et matière.

En Egypte l'on retrouve l'initiative hindoue dans les deux principes éternels figurés par *Osiris* génie de la lumière et du bien, et *Tiphon* génie des ténèbres et du mal, qui n'apparaissent que postérieurement à la Création due à l'Etre absolu, infini et irrévélé *Pironi*. Ne pouvons-nous voir, en ce principe supérieur à l'étreinte dualiste, plus qu'une obsession de l'idée de l'unité, soit l'Esprit pur en sa seule et toute puissante entité universelle ? L'énonciation trinitaire ne changerait rien à la réalité et à la nature de l'étreinte des deux principes considérés cosmologiquement dans les points de l'espace infini où s'exerce leur dualité.

Ajoutons que l'Egypte ancienne conçoit le dualisme spirituel et matériel dans la personnalité humaine, et voit une lutte entre l'esprit et le corps. L'homme est fait : 1° d'une intelligence *Khou*, laquelle se rattache à la nature divine ; 2° d'une âme *Bâ* qui enveloppe l'intelligence ; 3° de matière *Khat*. Entre la matière et l'âme intervient le souffle *Nivou*.

L'Egypte a été visiblement instruite par l'Inde. Chez elle aussi il y a un exotérisme populaire et un ésotérisme réservé où la plus haute métaphysique religieuse des Vedas se retrouve en partie.

Le peuple hébreu a ses écritures débutant par une cosmogonie empruntée par Moïse à l'enseignement sacré des prêtres d'Egypte. Le législateur des Hébreux avait été instruit du magnifique tableau de la création en six Epoques, et de la tradition d'un Eden séjour d'Adima et de Heva le premier homme et la première femme dont Moïse conserve les mêmes noms védiques. Mais l'âpre génie sémitique se fait vite jour en rabaissant l'idée divine hindoue à une conception toute autre. *Javeh* ou *Jehovah*, le dieu d'Israël n'est plus le Brahma universel ni l'Ormuzd bienfaisant des Aryas. Le monothéisme de l'Ancien Testament n'est plus le fait d'un Dieu de tous les hommes, Jéhovah n'est qu'un dieu national exclusif, le seul *Elohim* ou *Adonaï* du peuple hébreu, le despote jaloux et ennemi des autres peuples. La hauteur de perception divine que nous avons admirée chez les Aryas cesse chez les Sémites dont l'essor religieux est fait avant tout de crainte et de convoitises présentes et futures, toutes passionnelles et matérielles.

Les autres cultes sémitiques : chaldéen, assyrien, phénicien ont entre eux de grands points de ressemblance où se retrouve le même niveau de croyance et les mêmes personnifications sabéistes : *Bel* ou bien *Moloch* le Soleil, et *Milita* ou *Astarté* la Lune, directement ou figurativement adorés.

Contemporainement aux plus anciens cultes, les Chinois et les Mongols connurent de leur côté un sabéisme devenu plus tard panthéisme, puis, avec Confucius simple morale pratique. Le *Y-King*, le plus ancien livre de la croyance chinoise, en est aussi resté la base.

D'autre part, Lao-Tseu fonda le *Taoisme*, doctrine de l'identité de l'être et du néant, mais qui, dans la pratique, est devenu une sorte de fétichisme. En somme, idéal religieux peu élevé et que, depuis, a remplacé le bouddhisme qui domine aujourd'hui en Chine, au Thibet et au Japon.

Nommons encore un ancien culte, d'ailleurs très imparfaitement connu, qui fut la religion des Indiens d'Amérique, pour remarquer, dans le peu qu'on en sait, et cette fois chez des peuples sans contact avec l'humanité de l'autre continent, que là aussi le culte des astres existait, car ce fut un sabéisme encore que les conquérants espagnols trouvèrent établi partout, chez les Aztèques, et chez les Incas, ceux-ci se disant les fils du Soleil. Et là également au-dessus du sabéisme populaire, se réservait un certain ésotérisme avec la conception d'un dieu du bien : *Pacha-Camac* et d'un dieu du mal *Cupai*, soit encore deux principes opposés en présence.

L'idéal ultra-matériel, cet au-delà des Aryas que nous avons constaté chez les Indo-Persans, sous des formes polythéistes, on le retrouve en Occident. Comme culte populaire, la Grèce, dans Hésiode, nous présente, tel qu'un magnifique poème, un long et fécond enfantement de dieux et de déesses, tous originairement issus du *Chaos* dont *Eros* (l'amour) fit sortir successivement *Hemera* (le jour) *Erebos* (la nuit) *Gaca* (la terre) et *Uranos* (le ciel). Viendront ensuite les grands dieux *Saturne*, *Jupiter*, *Neptune*, *Pluton*, toutes les divinités de l'Olympe et du Tartare, toute la brillante mythologie hellénique. Là encore le sabéisme primitif garde une place très apparente et offre un luxe de personnifications et d'emblèmes répondant à la nature passionnée et au goût artistique d'un peuple d'élite. Tel surtout apparaît Apollon ou *Phébus* le glorieux dieu Soleil qui traverse la voûte azurée sur son char attelé de superbes coursiers. C'est encore *Hercule* et ses douze travaux autre personnification du Soleil et des douze constellations du zodiaque successivement parcourues dans l'année solaire.

Le peuple grec put lui aussi, s'en tenir dans ses principaux temples, au culte polythéiste effectif ; mais la pensée supérieure, la croyance, en Dieu-Esprit, était toujours vivante. En des sanctuaires fermés aux profanes, s'enseignaient et se célébraient des mystères plus conformes à l'universelle et spirituelle vérité religieuse. D'autre part, parallèlement à l'exercice du culte, et en dehors du polythéisme d'Hésiode et d'Homère, cette pensée supérieure non voilée éclate dans l'enseignement des philosophes de la Grèce. En somme générale, chez les philosophes grecs et romains (ceux-ci initiés par ceux-là) rien n'est resté inexploré de tous les aspects sous lesquels peut être envisagé le problème de l'univers et des causes premières, et l'on y voit dominer la notion dualiste.

Le paganisme romain diffère trop peu du paganisme grec pour être mentionné en ce très rapide aperçu. Dans l'un comme dans l'autre se trouve réservé un ésotérisme d'abstraite conception divine.

Dans le succinct exposé que nous venons de faire, des principaux cultes de l'antiquité, on a pu reconnaître l'universelle et manifeste expansion du sentiment religieux dans l'humanité entière et dès ses premiers commencements. L'on a pu aussi constater les degrés d'avancement apparu en rapport avec le plus ou moins de développement mental et moral des peuples et des époques. L'on aura vu notamment que la conception religieuse la plus haute revient à la race aryenne qui, sous les autres rapports ethnologiques et psychologiques est la première des races du globe, comme elle est probablement la dernière qui soit apparue au cours des successives et progressives formations des grandes familles humaines.

## La Religion Chrétienne

Pour notre Occident, pour les peuples qui ont évolué vers la civilisation moderne, la venue du christianisme sur la scène du monde a été l'évènement le plus capital. Il ne fait pas de doute que, nonobstant tout ce que cette religion contient de mysticisme paralysateur, de détachement, de renoncement par rapport à la vie présente et ses luttes nécessaires, son action ait puissamment servi l'avancement moral et social des nations de l'Europe, les a ouvertes aux principes de solidarité et de fraternité humaines en tant du moins qu'idéal et aspiration ; a, en fait, préparé cette civilisation européenne supérieure, malgré tous ses vices, à l'état social des peuples restés en dehors de la Chrétienneté.

Que, depuis, par son intransigance et son immuabilité elle soit devenue quelquefois un obstacle à la continuation du progrès humain, c'est possible. Mais son rôle sur la terre aura été grand. Et son action supérieurement éducatrice et moralisatrice reprendra son ancienne force du moment où la voie positive de la connaissance exacte et de la raison viendra appuyer ce qu'elle contient de vérité spirituelle et sentimentale.

Le Christianisme aura introduit dans l'ancien monde, qui se convertit à lui, l'élan d'amour mystique si supérieur à la simple justice, et que le paganisme ne connaissait pas. Le précepte : « Ne fais pas aux autres ce que tu ne voudrais pas qu'on te fit à toi-même » connu très antérieurement à Jésus, et qu'on retrouve jusque dans Confucius, n'est simplement que juste, mais cet autre enseignement chrétien : « Aime ton prochain comme toi-même et Dieu par dessus toute chose » c'est là un progrès sentimental qui, à lui seul, signale un grand avancement et une aperception nouvelle entre les religions : celle de l'aspiration des âmes à un suprême retour à l'Ame divine et leur mutuelle conscience de l'unité de leur nature originelle. La vitalité et la force morale qui ont si puissamment propagé le christianisme résidaient surtout en cet appel au détachement individuel et au sentiment d'amour humain et divin. C'est là ce qui explique et justifie l'essor de cette religion malgré les erreurs, les imperfections et même les contradictions qui ont toujours déconcerté et troublé tant d'esprits chrétiens.

Il est en effet à remarquer qu'il y a là comme deux âmes fondues ensemble, mais ne pouvant pas, malgré tout n'en faire qu'une. Il y a le Dieu omnipotent et prescient d'absolue bonté, et le Créateur bénévole d'un monde mauvais ; le Christ de charité et de pardon qui pourtant a promis les flammes éternelles de l'enfer à la plupart des humains entre lesquels « il y aura beaucoup d'appelés et peu d'élus » ; il y a l'amour de l'humanité en principe et il y a en fait les plus violentes et cruelles persécutions et exterminations humaines. C'est qu'il existe véritablement dans le christianisme un amalgame forcé mais resté quand même distinct ; il y a chez lui deux origines juxtaposées, deux génies différents ; il y a jusqu'à deux dieux : le Christ aryen et le Jésus juif, le Christ qui ne prêche que l'amour et la bonté et le Jésus qui a dit : « Ceux de mes ennemis qui n'ont pas voulu que je règne sur eux, amenez-les ici et massacrez-les devant moi » (Luc XIX 27).

La légende chrétienne n'a pas besoin que nous la rappelions, présente qu'elle est dans tous les esprits. Seulement l'histoire ne corrobore pas la légende. Une obscurité profonde couvre en réalité les premiers commencements du christianisme. Aucun document d'histoire profane n'en témoigne en dehors des écrits chrétiens assez postérieurs à l'époque donnée comme ayant été celle de la vie de Jésus. On parle bien d'une attestation succincte de l'historien Josephe, mais il est visible que le passage cité est une interpolation postérieure ajoutée pour les besoins de la cause. Cette religion n'apparaît positivement qu'au deuxième siècle de son ère, et ce n'est qu'en l'an 325 au concile de Nicée qu'elle se voit constituée et unifiée après l'adoption consentie des quatre évangiles de Jean, Luc, Marc et Mathieu, à l'exclusion d'une cinquantaine d'autres qui avaient pareillement concouru à l'élaboration du nouveau culte.

Il est visible que la religion chrétienne monothéiste est en partie issue de ces sectes juives des Esséniens, des Thérapeutes qui pratiquaient l'austérité, et de pénétrations hindoues et persanes, puis relevée de philososphie néo-platonicienne, tous éléments qui se coudoyaient à Alexandrie, berceau probable du premier christianisme. Il se reconnaît en effet de toutes ces diverses origines dans le dogme et le culte chrétiens, et comme coulées de force ensemble dans un moule exclusivement juif.

Telle a été l'œuvre extraordinaire et longue, sinon des douze incertains Apôtres, de toute façon des premiers pères de cette religion, œuvre étonnante où l'on voit l'âme grecque et l'âme hindoue, avec l'essor le plus noble de chacune, adjointes au culte jaloux d'un Javeh ; et un Nouveau Testament s'élaborant de toutes pièces pour faire suite à l'Ancien et dans une conformité voulue des prophéties bibliques.

Il apparaît que ces légendes, ces idées, ces croyances, ces symboles, de provenance étrangère très ancienne, furent adaptés à la religion en formation par des instigateurs d'une rénovation judaïque se faisant moins exclusive et pouvant s'étendre aux autres peuples. La nature absorbante autant qu'imaginative du génie juif a sû mêler et fondre avec le judaïsme tous ces éléments plus ou moins hétérogènes dont le principal, l'amour, lui était inconnu ; ce sentiment humain et divin qui fait la supériorité du christianisme et qui est d'origine bouddhique, ainsi que nous le rappellerons plus loin.

On ne peut non plus laisser de remarquer que les textes évangéliques,d'aillleurs assez variables et dont l'Eglise n'a gardé que ceux qui discordaient le moins entre eux, parmi le grand nombre des évangiles primitifs, n'ont pas de sanction historique en dehors du témoignage des seuls écrits de l'Eglise.

Qu'il y ait eu en Judée un Jésus prédicant sur le nom de qui se soient réunis les diverses productions évangéliques, ce ne serait toujours pas l'individualité miraculeuse dont on a fait un Dieu le Fils, né d'une Vierge par l'opération du Saint-Esprit. Les faits extraordinaires d'une telle existence n'ont, disons-nous, aucune sanction véritablement historique. Ainsi, le crucifiement d'un personnage tel que Jésus n'est pas un fait connu des annales romaines, bien qu'effectué sous la responsabilité du gouverneur romain Ponce Pilate. Toutes ces élucubrations juives méritent la même créance que les miracles, la plupart puérils, dont elles sont émaillées. On sait l'étonnante facilité de fictions et de personnifications imaginaires du Sémite chez qui l'inventif et le réel se démêlent si difficilement.

Il a fallu un esprit aussi judaïsé que Renan pour donner de nos jours couleur d'histoire à une *Vie de Jésus* aussi détaillée, aussi intime que s'il s'agissait d'une personnalité contemporaine. Renan lui-même pourtant, en son livre *Les Evangiles* ne dit-il pas : « Le mot vérité n'a pas pour les Orientaux le même sens que pour nous. L'Oriental rapporte avec admirable candeur et l'accent de témoin une multitude de choses qu'il n'a pas vues et desquelles il n'a aucune certitude ? » Le même historien de Jésus constate la confection juive d'innombrables fraudes littéraires sous le patronage de noms vénérés, œuvre de bonne intention, inventions pieuses qui ne choquaient alors personne : « En Palestine, dit-il, les autorités élues pour couvrir ces révélations nouvelles furent des personnages réels ou fictifs : Daniel, Hénoch, Moïse, Salomon, Baruch, Esdras ».

Ce qui reste toujours de positif c'est le mouvement religieux d'une époque, celle des Thérapeutes, des Esséniens, des néo-platoniciens, d'une spiritualité et d'une moralité élevées, ayant pénétré le judaïsme de certains réformateurs, puis, après y avoir été amalgamées avec adjonction d'importants matériaux asiatiques, s'étant alors extériorisées sous cet aspect par l'ardente propagation, particulièrement de Saint Paul « l'apôtre des Gentils » et allé s'implanter en terre païenne. Alexandrie, premier foyer de cet éclectisme religieux, devait, quoique tardivement, subir aussi l'effective conquête chrétienne : « L'Egypte, dit encore Renan, avait une espèce de pré-christianisme qui la maintint longtemps fermée au christianisme proprement dit ».

L'emprunt et l'apocryphe sont plus ou moins de règle générale dans cette édification juive. Ses préceptes les plus admirés sont eux aussi d'emprunt ; tel ce *Sermon sur la Montagne* attribué à Jésus, tandis qu'en réalité ce n'est qu'un recueil de la moralité de tous les temps, produit à une autre époque.

Il y a, disons-nous, le plus singulier mélange en cette œuvre de croyances orientales, de métaphysique néo-platonicienne, et de judaïsme, celui-ci prépondérant par la légende qui en constitue la charpente, mélange expliqué en partie par le temps et le milieu où il s'accomplit. L'Alexandrie du temps des Ptolémée était le carrefour commercial et le principal centre intellectuel de l'Ancien monde ; témoin la fameuse bibliothèque, trésor unique, que devait plus tard brûler le calife Omar. Là se concentraient, se croisaient toutes les relations entre l'Asie, l'Afrique et l'Europe ; là pouvaient se produire tous les contacts de religion également. Les sectes les plus diverses y pullulaient et s'y combattaient entre elles. C'est évidemment de cette émulation et de cette pénétration mutuelles, très favorables à un syncrétisme religieux, qu'est résulté l'amalgame indéniable dont nous parlons. L'élément juif, que la chûte de Jérusalem avait rejeté particulièrement en Egypte, y abondait et prenait sa part dans ce conflit d'écoles et de croyances. Philon, en ses leçons « platonisait » tout en restant foncièrement mosaïste, et parlait du Verbe comme un chrétien, tout en *ignorant* Jésus pourtant *son contemporain*. Avec Moïse, qui rapporte ici une parole de ses anciens maîtres d'Egypte, Philon dit qu' « il y a deux principes, l'un actif, l'Intelligence suprême, l'autre passif, la Matière qui donne une forme à l'idée ».

Le christianisme, pas moins que les autres religions, n'a pu s'abstraire d'un fonds de sabéisme tout à fait reconnaissable : « Le 25 décembre — dit Dupuy — à l'heure où l'on fait naître le dieu de l'année ou Christ, le signe céleste qui montait sur l'horizon et dont l'ascendant présidait à l'ouverture de la nouvelle révolution solaire, était la Vierge des constellations, au bord oriental, au point même où se levait le soleil des premiers jours, tandis qu'au dessous était le serpent de l'Hydre dont le soleil renaissant allait écraser la tête ; et, en face, les trois Mages de la constellation d'Orion qui semblaient l'adorer ». Les fêtes de l'Assomption et de la Nativité de la Vierge correspondent aussi à des positions astronomiques.

« Un dieu né d'une Vierge — ajoute Dupuy — au solstice d'hiver et ressuscité à Pâques à l'équinoxe du printemps, après être descendu aux Enfers, un Dieu qu'accompagne un cortège de douze apôtres et qui fait passer les hommes sous l'empire de la lumière, qui répare les maux de la nature, ne peut être qu'un dieu solaire ».

Le Mithra des Perses naissait aussi le 25 décembre, comme Christ, mourait comme lui et, sur son sépulcre, tout comme dans les pompes du Vendredi-Saint et à la même date, ses prêtres portaient son image, tandis que résonnaient des chants funèbres. Le flambeau sacré du cierge pascal s'allumait pour Mithra de même que pour Christ. Or, le culte mithriaque remonte à plus de deux mille ans avant l'ère chrétienne. Du fait de la précision des équinoxes, c'était alors le signe zodiacal du Taureau qui ouvrait l'année. C'est pourquoi l'emblème du Taureau était révéré par les Perses, tandis que, deux mille ans plus tard, le mouvement de précession s'étant déplacé d'un signe, ce fut le Bélier ou Agneau qui devint emblème chrétien et figure couché sur la croix parmi les symboles de la nouvelle religion. L'Agneau pascal en continue encore le souvenir : Ici la croix est de son côté un signe d'un tout autre sens que celui d'un instrument de supplice. De pareilles allégories existaient aussi pour Horus, Adonis, Apollon morts et ressuscités.

Relativement aux figures des constellations telles que celles toujours dénommées le Bélier, le Taureau, les Gémeaux etc, il convient de se rappeler que les Chaldéens, plus de quatre mille ans avant notre ère, pratiquaient d'exactes observations astronomiques. Les douze constellations du zodiaque formant la route annuelle du soleil leur étaient familières et de même aux Perses. L'Inde aussi, à des époques aussi anciennes pratiqua une astronomie précise, du moins en ce qui touche les mesures du temps sidéral. La véracité de ses dates historiques serait même corroborée par des images zodiacales donnant l'état exact du ciel au moment de tel événement à commémorer ; et il existerait encore en certaines pagodes indiennes de ces documents antiques restant à la garde des brahmanes.

Il convient de citer ici, à l'une de ces dates historiques, celle de l'an 500 avant J.-C., une création religieuse qui présente avec la légende chrétienne une grande ressemblance. Il s'agit de la huitième incarnation de Vischnou, ou du moins de la légende relative au héros de cette mission divine : Krishna, fils de la vierge Devanaguy. Krishna est conçu lui aussi par l'opération d'un dieu ; il est l'objet de la fureur d'un roi qui, pour supprimer cet enfant qu'un songe lui avait révélé comme devant un jour le priver de son trône, fait mettre à mort par des soldats tous les nouveau-nés de son royaume ; mais l'enfant est sauvé, puis élevé secrètement par des bergers. Krishna prophétise dès son bas âge et accomplit de nombreux miracles. Bientôt il se proclame fils de Dieu et la deuxième personne de la trinité brahmanique, venu sur la terre en Rédempteur ; il prêche l'amour divin et il meurt cloué par des flèches sur l'arbre sacré.

Tel est ce divin personnage, qui a, on le voit, bien des traits communs avec le Rédempteur des chrétiens paru cinq siècles après lui.

L'unité chrétienne a subi de nombreuses atteintes au cours des temps : le schisme manichéen de Manès né en Perse au IIIe siècle, qui se disait le Paraclet annoncé par Jésus-Christ, mais qui revenait au dualisme persan ; le schisme d'Arius qui niait la divinité de Jésus ; le divorce de l'Eglise grecque avec l'Eglise romaine qui accompagna la scission de l'ancien empire romain en celui d'Orient et celui d'Occident ; le gnosticisme des premiers siècles, visiblement dualiste chez les Basiliens, et ses réapparitions postérieures avec la secte des Albigeois et des Cathares ; la séparation anglicane accomplie par le roi Henri VIII, et surtout la Réforme protestante des Luther et des Calvin. Ces derniers divorces font du XVe siècle le point de départ d'un véritable émiettement chrétien, par le nombre des réformateurs qui ont suivi et dont l'œuvre étale aujourd'hui cent et plus de confessions diverses lesquelles se multiplient encore de jour en jour, particulièrement en Nord-Amérique.

Dans ces diverses réformes il n'y pas progrès religieux, mais plutôt dissolution continue. Le pouvoir papal qui devrait faire l'union universelle perd journellement de son prestige et de son autorité, même à Rome. En fait, le christianisme, ce puissant essor religieux qui fit l'épopée des Martyrs et celle des Croisades, qui régna sur les empereurs et les rois, qui visait à la suprématie universelle du globe, semble être arrivé au bout du grand rôle qui fut le sien et être manifestement entré maintenant en pleine voie de déchéance.

## Les autres cultes depuis l'ère chrétienne

Le christianisme apparu comme fils et héritier du judaïsme devra, sinon s'éteindre un jour, du moins, pour durer encore, évoluer à son tour. Mais comment et dans quelle voie ? Ici nous n'en concevons qu'une seule qui soit la bonne : se rénover en se dépouillant de sa gaîne juive, gardant son essence mystique aryenne et s'assimilant tout l'acquis moderne de la science positive. A ce prix le christianisme peut se redonner une vie nouvelle et reprendre un essor plus grand encore que celui du passé, faisant s'évanouir devant sa puissante lumière toutes les dissidences actuelles.

En attendant, jetons un coup d'œil sur l'histoire cultuelle qui continue celle des deux chapitres précédents, jusqu'à nos jours. Nous laisserons le père apparent du christianisme, le dieu d'Israël continuer, si ancien qu'il soit, de durer intact. Religion exclusive et seule patrie morale d'une race préhistorique immuable, même dissoute, le judaïsme, reste toujours debout. Jéhovah continue de promettre à son peuple partout disséminé une future domination universelle, comme cela commence d'ailleurs à se réaliser par la puissance financière mondialement accaparée par les Juifs, et dont sait user politiquement la combativité parasitaire de cette race qui campe parmi les nations sans nulle part s'assimiler. Les dissolutions sociales et nationales auxquelles ne cesse de travailler partout Israël,devront à son gré, lui octroyer un jour le règne promis par Jéhovah, avec un Messie juif à sa tête, autre que celui dont leurs ancêtres de Judée ne voulurent pas. Une telle religion ne saurait naturellement progresser ni en propagation, puisqu'elle est exclusive à une race à part, ni en avancement cultuel qui ne répondrait pas au genre de moralité propre à la race, et ne pourrait que nuire à la marche d'Israël vers son mondial objectif.

Une autre religion quelque peu parente du judaïsme, mais d'un caractère opposé, c'est le Mahométisme né au VIIe siècle en Arabie d'où il devait rapidement s'étendre dans le continent. Ce fut l'œuvre d'un seul homme Mahomet qui sut tirer d'une sorte de refonte du judaïsme, dans un autre moule, un corps de doctrine attrayant pour les populations Arabes et Numides jusqu'alors fétichistes ou sectatrices de Baal. Comme les autres Sémites, Mahomet est peu ou point spiritualiste. Mais son Allah est un dieu de propagation universelle et non plus, comme Jéhovah, un dieu particulier à un peuple. En cela est le progrès relatif du mahométisme. Les prophètes juifs, et y compris Jésus de Nazareth, y sont honorés comme des précurseurs. La trinité divine du bouddhisme et du christianisme lui est inconnue, mais il admet, comme les Juifs et les Chrétiens, la puissance d'un Satan (Chéiatin) ennemi de celle d'Allah. Même avec le monothéisme un peu matérialiste de Mahomet qui ne promet à ses fidèles qu'un ciel de jouissances sensuelles, il est permis de voir dans l'Allah et le Chéaitin du Coran, ainsi d'ailleurs que dans le Dieu et le Satan de l'Ancien et du Nouveau Testament, comme un reflet du concept dualiste de deux principes universels.

Constatons que la décadence des peuples de l'Inde et de la Perse a fait, dès longtemps, de ces pays aryens jadis privilégiés, un vaste champ d'expansion pour le mahométisme : conquête barbare d'un Allah sur les Brahma et les Ormuzd presque oubliés par les descendants dégénérés des premiers Aryas. De nos jours le Coran conquiert aussi graduellement tout le continent africain. Mais là du moins, aux pays noirs, parmi les grossiers fétichistes, il représente plutôt un progrès.

On attribue au mahométisme 250 millions de sectateurs, pendant que, par son extension au sein de la race jaune, le bouddhisme, avec le brahmanisme en aurait 500 millions. Quant aux chrétiens de toutes branches et confessions, ils seraient environ 350 millions.

Depuis le dernier grand mouvement religieux créé par Mahomet, et qui mit, durant plusieurs siècles aux prises l'Islam avec la Chrétienneté, il n'y a pas eu, à proprement parler, de naissance religieuse qui ait marqué dans le monde. Il n'a paru que des sectes ou ramifications cultuelles dont les continuelles agitations témoignent seulement de la vitalité du sentiment religieux toujours actif. Pour ce qui est du protestantisme chrétien, les ramifications confessionnelles ne se comptent plus. Mais ce n'est pas en cela qu'il faudrait voir une preuve d'avancement pour le christianisme ; tout au contraire il semble que le détachement et le marasme augmentent en son sein à mesure que se lèvent de nouvelles Eglises où n'entrent guère en jeu que de vaines rivalités personnelles.

En France, particulièrement, après les grandes querelles des Jansénistes qui soutenaient la grâce et la prescience divines, et des Molinistes pour qui l'amour divin tenait lieu de tout, dispute qui occupa les XVII^e^ et XVIII^e^ siècles ; puis, plus tard l'intrusion politique de l'Eglise constitutionnelle de la Révolution, en même temps que l'apparition momentanée du Culte de la Raison, l'indifférence religieuse, malgré quelques retours passagers, est allée gagnant de plus en plus les esprits. Cette indifférence semble devoir bientôt arriver à son comble pour la masse du peuple, réduisant à des apparences extérieures les choses du culte, qui ne se maintient encore que par la force de la tradition et aussi l'opposition politique d'un parti pour lequel le catholicisme reste un drapeau de ralliement.

Mais si, dans les sociétés humaines, le sentiment religieux peut être sujet à un sommeil même prolongé, il n'en continue pas moins de veiller dans les meilleures âmes jusqu'à ce qu'ayant trouvé la nouvelle expression que réclame l'époque, il explose d'autant plus impétueux qu'il aura été plus longtemps contenu.

Et cette expression nouvelle, il semble que ce soit bien elle qui se cherche et s'essaie depuis un demi siècle et non pas comme antérieurement en de simples modifications à un dogme restant intangible, mais en dehors même de ce dogme. Si, d'abord des rénovateurs tels que l'abbé Châtel et, plus tard, Hyacinthe Loyson ne s'attachent qu'à remplacer le latin par le français aux offices et à abolir le célibat des prêtres ; si Lammenais, l'abbé Roca veulent seulement un catholicisme progressif et non plus immuable ; si Pierre Leroux entend christianiser son socialisme ; si Jean Raynaud rêve d'élargir le christianisme jusqu'à embrasser tous les temps et tout l'univers ; si, disons-nous, ces divers réformateurs ne s'attachent qu'à des formes et des applications autres d'un dogme restant intact, il en est venu à la suite dont la passion religieuse a envisagé l'avenir cultuel avec un esprit plus détaché d'une foi ancrée dans les âmes depuis vingt siècles.

C'est ainsi que le Docteur Basile Agapon de Messène, en son *Evangile philosophique* dit que le Christ ésotérique, c'est l'Humanité elle-même, et le culte, l'élan des âmes vers une destinée finale en Dieu. Le Docteur Agapon énonce, en fait, un dualisme positif en ces termes : « On a dit jusqu'à présent : ou matérialisme, ou spiritualisme, l'un des deux étant vrai et l'autre faux. L'un et l'autre sont vrais, et chacun à sa place ».

C'est Charles Fauvety, fondateur de la *Religion Universelle* que continue actuellement son disciple Lessard, donnant en sa *Théonomie* à la raison et à la science une importance allant presque jusqu'à l'identité avec Dieu lui-même. A cet égard il avait été devancé par Colins pour qui Dieu, être impersonnel et seulement loi naturelle de la Justice et de l'équilibre moral, représente la cause universelle de la raison spirituelle et de la sensibilité lesquelles sont l'apanage du seul être humain, la religion n'étant alors que la conscience de ces deux choses qui doivent régler notre conduite.

L'*Harmonie Messianique* d'Albert Jounet a, elle, un caractère plus véritablement religieux en appelant toute l'humanité à s'unir dans un même amour divin, et concevant comme culte un élan journalier et simultané de tous les hommes en une prière commune s'élançant vers Dieu au même moment, comme « une vague spirituelle ».

Puis, il y a les nombreux fervents du spiritisme et d'un occultisme dits spiritualistes qui, sans rompre précisément avec le christianisme, voient une religion dans leurs évocations, et communications avec l'Au-delà spirite de la vie actuelle. Le nombre grandissant de ces visionnaires nous oblige à les mentionner, du moins comme protestation anti-matérialiste, en cette rapide revue des essorts religieux du moment.

Dans le mouvement spiritualiste présent s'est fait une place également une *Théosophie* de données un peu vagues, mais d'un élan mystique réel.

Ces essors, portant même à faux, n'en témoignent pas moins d'une impérieuse attraction religieuse qui se fait jour en réaction peut-être contre l'athéisme scientifique du jour.

Fort digne d'attention, sinon d'acquiescement est la création cultuelle d'Auguste Comte, le savant fondateur de l'école positiviste. Sa *Religion de l'Humanité* se sépare nettement du christianisme. Le divin Grand-Etre Humanité est à substituer au dieu d'autrefois, néanmoins « sans oublier ses services provisoires ». L'Humanité a eu trois âges principaux : le Fétichisme, le Polythéisme et le Monothéisme. Aujourd'hui c'est le tour du Positivisme, en religion comme en mouvement social, et le seul Dieu qui compte est l'être humain lui-même, car tout nous vient de l'Humanité qui est notre seule Providence matérielle, intellectuelle et morale. Ce culte, où la femme est en honneur, a ses sacrements sociaux, ses fêtes, ses symboles, ses prières et ses saints lesquels sont les grands hommes : poètes, artistes, savants, inventeurs. Cette religion, privée d'essor spirituel vers l'Au-delà, marque tout de même une aspiration cultuelle ; mais, limitée à la seule évolution humanitaire, peut-elle compter comme religion divine ? Elle n'en a pas moins réuni quelques adeptes même en Amérique avec Enrique Lagarrigue, au Chili et Miguel Lemos au Brésil, pour apôtres de la religion positiviste.

Nommons ici également le philosphe théiste Strada, qui s'est énergiquement élevé contre les abus et les erreurs d'une religion incohérente et qui porte le sceau juif. Strada place Dieu en dehors et au dessus de toute interprétation humaine.

Une récente tentative de restauration plutôt que d'innovation religieuse, c'est le Gnosticisme renouvelé des premiers siècles de l'ère chrétienne. Stanislas Doinel, vers l'année 1890 s'en fit le résurrecteur. La doctrine des Saturnin d'Antioche, des Basilide et autres marquants zélateurs du primitif gnosticisme, fait résider le mal en la matière et le bien en Dieu et les Eons émanés de Dieu. La même doctrine rejette le dogme d'un Créateur tirant le Cosmos du néant, et là nous pouvons voir l'expression d'un dualisme universel. C'est ce même dogme que suit fidèlement son patriarche actuel, Fabre des Essarts, trop fidèlement à notre sens, car aujourd'hui, plus encore qu'au III<sup>e</sup> siècle, le beau nom de Gnose (science) devrait répondre à une parfaite union de la religion avec les positivités scientifiques et logiques. Jusqu'ici nous ne voyons pas quel avancement religieux ont encore réalisé les néo-gnostiques. Tout aussi regrettable est la mésintelligence qui existe entre eux et qui fait se dresser contre le patriarche de Paris un compétiteur lyonnais Joanny Bricaud se donnant le titre supérieur de Souverain Patriarche. Il serait, croyons-nous, préférable qu'à la place de rivalités personnelles s'élevât une saine émulation en progrès doctrinal. Or, cette voie semblerait ouverte par l'avance plus véridique qu'a déjà le dogme gnostique sur le dogme Judéo-chrétien.

Pour clore ce rapide examen, nous ne pouvons laisser de dire un mot également sur le rôle plutôt anti-religieux d'une institution comme la Franc-Maçonnerie qui a pourtant ses sectes pseudo-religieuses : Martinistes, Swedenborgiens et autres visionnaires. L'œuvre maîtresse et secrète des Francs-Maçons est plutôt, disons-nous, anti-religieuse, comme elle est anti-sociale. Les loges françaises déjà ne reconnaissent plus le « Grand architecte de l'Univers » et professent à présent le pur athéisme. Leur but caché, auquel ne sont initiés que les affiliés des plus hauts degrés de l'ordre, est la destruction systématique, sous de perfides amorces, de tout ce qui fait la force et la vitalité sociales et nationales, notamment le ciment cultuel, dissolution qui fera le profit exclusif des meneurs de la secte, à commencer par ses maîtres et instigateurs juifs. La grande majorité formée de membres inoffensifs peut faire illusion, mais ce nombre, d'ailleurs associé par serment, ne fait office que de paravent aux criminelles menées dissolvantes des Francs-Maçons des hauts grades seuls détenteurs du « Royal Secret ».

Le vent d'indifférence qui souffle sur notre époque a considérablement facilité le divorce survenu récemment en France entre l'Etat et les cultes anciennement reconnus, et il semblerait que cette liberté nouvelle aurait dû encourager les créations religieuses. Les rares éclosions qui ont pu être individuellement tentées, sans adhérents à leur suite, n'ont fait que marquer plus profondément encore que le véritable essor religieux, à cette heure, fait de plus en plus défaut, à moins que ce qui ait plutôt manqué jusqu'ici, ce soit l'expression cultuelle capable d'éveiller et entraîner les âmes et les intelligences d'un temps aussi raisonneur et sceptique que le nôtre.

La hâtive revue que nous venons de passer du mouvement religieux à toute époque dans le monde, aura tout de même suffi, pensons-nous, à prouver l'universalité du sentiment qui en est la cause. C'est donc un fait rigoureusement positif, historique et expérimental que nous constatons en cela. Or, une aussi constante manifestation humaine ne se produirait pas si le sentiment religieux était lui-même sans origine et sans objet. Quelque nom qu'on lui donne : Etre suprême, Ame universelle, Nature, Dieu, cet objet ne peut donc pas ne pas être.

Nous allons pouvoir à présent envisager et révérer la seule Cause suprême universelle, par la religion et le culte de Dieu-Esprit. Cette religion se lève pour ainsi dire d'elle même devant toutes les âmes sentantes et les intelligences réfléchies qui auront considéré sans parti pris : d'une part la positive vérité scientifique, et d'autre part le sentiment inné qui a inspiré toutes les formes qu'a revêtues dans tous les temps et partout l'aspiration religieuse. Celles-là auront compris que ce qui seul en reste debout, comme Cause suprême et Objet divin, c'est l'Etre-Esprit universel, intelligent, voulant et actif qui agit sur le Principe Matériel ; Etre divin de qui participent nos âmes et en qui elles aspirent à se réunir.

Tout le sentiment religieux et tout l'élan cultuel ne consistent que dans cette dernière et suprême aspiration.

## La religion du principe spirituel

Tout ce que nous avons examiné jusqu'ici nous a finalement laissés en présence de deux principes primordiaux l'Esprit et la Matière, le premier principe opérant sur le second et causant le façonnement de l'univers et de nous-mêmes. C'est, au fond, la même pensée qu'exprimait Platon dans le *Timée*, parlant d'une substance spirituelle « qui a existé avant et qui existera après les choses passagères qui frappent nos sens, et qu'une volonté a ordonnées, tandis que les vérités abstraites ne sont perçues que par l'intelligence. »

Il pourrait à présent sembler que cette connaissance n'a pas à sortir du domaine de la métaphysique pour entrer dans celui de la religion, et que l'esprit qui en est pénétré a suffisamment, par cette connaissance, tout l'aliment intellectuel et moral qui lui est nécessaire.

Ce serait là une grande erreur ; ce serait, après avoir constaté l'universalité du sentiment religieux, méconnaître l'essence même de ce sentiment inné chez l'homme, et son besoin d'expression et d'expansion aussi incoercible, lorsqu'il se montre, que tous les autres sentiments naturels. En cette matière, la connaissance et la raison ne suffisent pas, et le sentiment seul ne saurait non plus être tout. Il faut tenir compte du sentiment et de la raison à la fois, l'un appuyant l'autre. C'est ce qui se voyait déjà dans la double manifestation exotérique et ésotérique du passé religieux. Que l'ésotérisme réservé aux initiés des anciennes grandes religions ait comporté une philosophie plus raisonnée et plus clairvoyante que le culte populaire, cela ne fait pas de doute et se comprend, mais n'empêchait en rien la pratique du culte établi auquel pouvait participer sans hypocrisie le même ésotériste conscient du symbolisme caché sous la croyance populaire. Le christianisme semble avoir, lui aussi, possédé dans ses premiers temps un ésotérisme élevé, à la satisfaction morale d'une élite de fidèles, mais l'esprit dominateur d'une jalouse théocratie fit bientôt le nivellement fidéiste qui seul en est resté.

Il y a dans la religion deux domaines contigus, mais bien distincts l'un de l'autre : celui que le seul sentiment détermine et où il n'entre que l'élan aveugle du cœur vers l'attirant mystère d'une autre existence ultra-vitale ; et celui où s'exercent la raison et l'esprit d'examen. Ce dernier domaine assez circonscrit dans les limites que lui laisse la connaissance positive, ne permet en réalité qu'une aire très restreinte aux recherches de l'esprit avide de savoir et curieux des causes qui président à l'existence de tout ce qui est. Le domaine du pur sentiment religieux, tout au contraire, ne connaît pas, lui, de restrictions et n'admet pas d'obstacles à son essor. Précisément parce qu'il est un sentiment, un ressort inconscient de lui-même, il demande bien moins la lumière qu'une voie librement ouverte à la fougue de l'attraction qui l'emporte vers l'au-delà. Et cette attraction entraînera et dominera tout : les incompréhensions, les impossibilités que pourront présenter la doctrine et les pratiques cultuelles à lui offertes pour exhaler son aspiration impétueuse. De là l'aveuglement et aussi l'intransigeance de la foi arrêtée et acceptée. Une telle satisfaction du cœur, une telle plénitude d'âme accompagnent l'ascension spirituelle d'une piété fervente, que les inquiétudes, les protestations même de la raison ne comptent pas. Le pur sentiment religieux est tout d'absorption. Il fera d'un François d'Assises, revenu de juvéniles licences un visionnaire affolé d'amour divin ; il ravira une Sainte Thérèse dans une extase céleste qui ne connaîtra pas d'interruption ; il illuminera une Jeanne d'Arc de visions et d'une mystique flamme qui feront accomplir à cette humble fille des champs, une héroïque autant que religieuse mission ; il inspirera à l'auteur inconnu de l'*Imitation de Jésus-Christ*, ce livre étonnant de souffle mystique, des accents surhumains.

Ces cas exceptionnels d'exaltation religieuse laissés à part, il n'y a toujours que l'état de piété sincère, aux époques de ferveur, et jusque chez les plus humbles, maintient les âmes dans une sérénité supérieure aux misères de la vie, dans une élévation forte contre le mal et contre la mort même. Il y a comme un appel céleste de la spiritualité de l'âme attachée à la matière, vers la libération divine.

Tel est l'essor religieux purement sentimental qui s'enflamme sans aucune des retenues qui suggèrent à l'esprit raisonneur les scrupules de l'esprit critique. Chez les âmes élevées ce sentiment vit de lui-même, se suffit à lui-même. Mais, aux âmes communes, ce qui est le grand nombre, il faut plutôt l'excitant du merveilleux, des miracles, des fables plus capables que tout de stupéfier et captiver ces âmes encore enfantines. Aucune religion populaire ne s'est passée de cet élément du merveilleux où il entre moins peut-être de complaisance de la part des régents du culte que de fougue ingouvernable chez les dévots. Entraîner les foules par cette disposition à croire l'incompréhensible, parce qu'incompréhensible, dans un même grand courant religieux ; user de cet essor facile pour donner corps et consistance à une création cultuelle, tel a été le meilleur moyen jusqu'ici d'attirer, diriger et moraliser les foules impressionnables.

Ceci n'est pas justifier, c'est seulement expliquer les anomalies cultuelles ; c'est aussi entrevoir un progrès mental et moral de la religion que connaîtra l'humanité future, et qui s'affranchira davantage sans doute de l'entraînement en faux essor qui a servi dans le passé.

Il y a donc, avons-nous dit, deux faces, deux actions séparées bien que juxtaposées dans le mouvement religieux : la religion instinctive et la religion raisonnée. Il y a l'élan aveugle du sentiment irrésistiblement impulsé vers l'ultra-vital, qui a permis l'établissement des grandes religions populaires à la portée de la mentalité des multitudes, et il y a le culte réfléchi, ou simplement la conscience d'une cause supérieure ou divine, qui est le fait des esprits indépendants, des philosophes révérant Dieu, mais détachés de toute forme religieuse.

Ceux-ci se disent déistes ou théistes, et, tout en affirmant Dieu, n'admettent pas de culte extérieur. Le déisme a eu ses partisans à toute époque, avec des nuances d'idées plus ou moins influencées par les croyances régnantes des milieux. Confucius, les Stoïciens, Epictète, Marc-Aurèle, Sénèque, Plutarque, Montaigne, Bayle, Voltaire, étaient déistes. La morale est par eux identifiée à la religion

En dépit du mot de Bonald : « Un déiste est un homme qui n'a pas eu encore le temps de devenir athée », le déisme est le premier pas d'un esprit indépendant et qui a médité, vers la religion raisonnée. Bacon, malgré ses théories a appuyé dans le même sens en disant : qu' « un peu de philosophie rend un homme athée et que beaucoup de philosophie mène à la connaissance de Dieu ».

Le fait est que l'athéisme n'a été à toute époque le lot que d'un petit nombre d'hommes et qu'on n'a jamais connu une nation d'athées. Toutefois il n'en est pas moins vrai que le libre-examen et les recherches de la philosophie religieuse ont eu et auront toujours une action sur la genèse et les développements des religions nées au cours des temps. A cette influence de la connaissance et de la raison sont certainement dûs les progrès doctrinaux vérifiés dans l'adoption des diverses formes du culte.

Entre les investigateurs de la pensée religieuse se montrent au premier rang les panthéistes qui ont fait l'univers vivant, intelligent, ordonné, doué par lui-même de tous les attributs que les déistes et les fidéistes voient en Dieu. Et telle serait en effet, l'apparence si la nécessité d'une cause première de l'univers visible ne s'imposait derrière les enchaînements de tous les phénomènes de la nature : l'inéluctable nécessité que voyait Platon d'un premier moteur, d' « un moteur qui se meuve lui-même. ».

Le panthéisme, par son unification de tout en un seul et même Univers, a pu donner satisfaction à quelques logiciens. Cette unité toutefois, impuissante à expliquer notamment la coexistence et l'oppposition du bien et du mal, de l'ordre et du désordre dans le monde, du plaisir et de la souffrance chez les êtres, difficiles à attribuer à un même pouvoir dispensateur, ne devait pas contenter les esprits inquiets des causes et des origines. La difficulté de l'explication est la même pour les théistes et aussi pour les croyants. C'est même ce qui a le plus embarrassé les Pères du christianisme qui, tels qu'Origène et Saint Augustin, se sont reconnus impuissants à remonter à l'origine du mal.

Une citation de Plutarque, au point de vue déiste, résumera mieux que nous ne saurions le faire, cette nécessité logique des causes, lesquelles seront différentes pour des choses de natures opposées : « Il n'est pas possible — écrit Plutarque — qu'un seul être, bon ou mauvais, soit la cause de tout. Dieu ne pouvant être la cause d'aucun mal. L'harmonie de ce monde est une combinaison de contraires. On ne peut donc pas dire que ce soit un seul dispensateur qui puise les événements comme une liqueur dans un tonneau pour les mêler ensemble, car la nature ne produit rien ici-bas qui soit sans ce mélange. Mais il faut reconnaître deux causes contraires dans deux puissances opposées qui portent l'une vers la droite, l'autre vers la gauche et qui gouvernent ainsi notre vie. Car rien ne peut se faire sans cause ; et, si le bon ne peut être cause du mauvais, il est absolument nécessaire qu'il y ait une cause pour le mal, comme il y en a une pour le bien ».

Ajoutons à la vieille notion dualiste dont Plutarque a été ici l'interprète cette autre considération de la perpétuelle inquiétude qui agite l'âme humaine. Si notre nature n'était émanation ou manifestation que d'une seule cause, elle participerait de cette unité de cause et ne se verrait point partagée, comme elle l'est, entre des impulsions tantôt matérielles, tantôt spirituelles, et, par le sentiment religieux, aspirant à un au-delàde son existence actuelle qui n'est que lutte et tourment. Ce déséquilibre ne signifie-t-il pas écart, opposition intime et secrète en notre être, de deux principes différents ? Sur le terrain religieux où nous nous tenons en ce moment, le dualisme Esprit-Matière ressort donc aussi évident que nous l'avons vu se déduire de tous les aspects universels que nous avons antérieurement considérés.

Tout ce que nous examinerons encore ne fera que nous confirmer dans la vérité du Principe-Esprit apparaissant comme étant le seul et constant objet réel de l'aspiration religieuse et du culte, le culte de Dieu-Esprit.

## Définition de Dieu

Dans notre souci de n'avancer, en cette dernière partie de notre étude, de même que dans ce qui précède, qu'en ne laissant derrière nous aucune objection de doute, nous nous arrêterons un instant sur l'idée que jusqu'ici les hommes se sont faite de la divinité.

Ce n'est que longuement et par une élévation graduelle-

de la pensée et du sentiment que l'impression vague et craintive ressentie par les primitifs de l'humaine espèce a pu se changer en l'idée abstraite de Dieu. Depuis, toutes les appellations, soit religieuses, soit philosophiques, qu'on a pu donner à ce sublime objet ont eu la même signification divine. A cette dernière hauteur accessible à la méditation, c'est toujours le même Etre qui s'affirme. C'est que, quelque direction qu'ait pu prendre une forte pensée, pour arriver à la compréhension du divin, c'est la même lueur de spiritualité unique, présente en l'âme humaine, qui éclaire cette pensée, c'est-à-dire le divin se cherchant et s'apercevant lui-même. Saint Anselme, une des autorités des premiers siècles du christianisme a exprimé cette aperception, disant : « Dieu existe par cela seul que nous le concevons ». Il ne nous paraît pas y avoir de motifs religieux ni philosophiques pour changer maintenant ce nom consacré par un temps immémorial, et d'appeler autrement que Dieu le Principe spirituel dans lequel nous concevons ici l'Etre formateur et dispensateur de tout ce qui est en l'univers, y compris nous-même.

Lorsque nous avons reconnu l'universelle existence en toute époque du sentiment religieux remontant à Dieu comme cause, nous aurions pu ajouter qu'il a aussi de tout temps existé des sceptiques, des athées qui veulent que Dieu ne soit qu'une invention des hommes. Seulement, à l'examen, c'est moins contre l'idée pure de la divinité que contre le Dieu des superstitions populaires et des spéculations sacerdotales que se sont élevés la plupart de ces négateurs, sans voir plus haut.

Il y a aussi, à côté du radical athéisme du hasard des jeux de la nature, le pseudo théisme monistique qui ne nie pas Dieu, mais qui l'identifie avec l'univers physique et en fait une chose impersonnelle, une simple propriété de la substance cosmique, le pseudo-Etre Suprême qu'Ernest Haeckel définit ainsi : « Notre grand Dieu moniste considéré comme Etre universel, embrasse le Cosmos tout entier. Il est identique à l'énergie éternelle qui anime toute chose ». L'autorité qui s'attache au nom du savant qui a physiologiquement établi la filiation ancestrale de l'espèce humaine, à travers les degrés parcourus par l'épanouissement de la vie terrestre, ne saurait pourtant faire prévaloir sa définition de Dieu. Le monisme que Haeckel considère un lien entre la religion et la science, n'a rien de commun avec la religion. Et, à cet égard, il ne compte pas plus que le culte du Grand Etre Humanité de Comte. A l'un comme à l'autre de ces deux éminents esprits il n'y a qu'à faire remarquer qu'au-dessus de la vérité de la zoologie unifiée et celle de l'Humanité évoluée et unifiée aussi, il y a la Cause première sans laquelle il n'y aurait ni l'évolution vitale, ni l'évolution humanitaire ; il y a toujours le suprême inconnu dont la science la plus approfondie ne saurait s'abstraire, non plus que le positivisme le plus suffisant ; il y a disons-nous, la Cause des causes ; il y a ce que, pour ne pas nommer Dieu, Proudhon appelait l'X de l'équation de l'Univers laquelle ne saurait s'équilibrer sans cet X.

Les plus grandes intelligences peuvent avoir de ces exclusivismes dans lesquels elles se sont renfermées. Or, au-dessus et au-delà de la scène universelle dont le génie humain découvre pas à pas en partie les secrets, existe la Cause dont ces secrets relèvent. Ce n'est pas la loi physique ou vitale constatée qui est définition de Dieu, mais bien le Principe antérieur et supérieur à cette loi.

Tout ce qui précède dans ce livre éclaire assez la définition de Dieu qui est la nôtre. Des deux principes universels que nous avons reconnus : la Matière passive mais irréductible en son essence et son énergie statique, et l'Esprit, seul intelligent voulant et pouvant, c'est le Principe-Esprit qui seul répond à l'idée que nous nous faisons de la personnalité et de la puissance divines. Et, en quoi la Matière sans intelligence ni volonté, empêcherait-elle cette suprématie du Principe-Esprit ? Quoi d'illogique, comme le prétendent les partisans de l'unité absolue de l'Etre suprême, dans cette dualité inégale de principes ? Un Dieu créateur d'une matière tirée du néant n'est-ce pas plutôt un illogisme évident ? La compréhension du principe passif Matière et du principe actif Esprit, celui-ci s'exerçant sur celui-là, n'est-elle pas la plus naturelle et la plus conforme à toutes nos constatations expérimentales de tout ordre ?

Or, si notre intelligence est capable de cette aperception, c'est qu'elle tient elle-même de la nature et des attributs du Principe-Esprit, de Dieu. Et cette seule capacité suffirait à démontrer la part spirituelle de la dualité qui existe en nous : d'une part, un assemblage d'atomes finis, limités en nombre et s'arrêtant aux contours de notre corps ; d'autre part une âme immatérielle activant ce corps, une pensée voulante et intelligemment rayonnante à son gré dans le temps et l'espace, concevant l'infini, c'est-à-dire emplissant comme Dieu cet infini, soit les attributs mêmes du Principe-Esprit. Le principe Matière n'a rien de ces dernières qualités « De tous les corps réunis — a dit Blaise Pascal — on ne saurait faire aboutir une petite pensée », réfutation péremptoire autant que succincte des opinions panthéistique et monistique.

Réciproquement aux prises dans l'évolution des mondes et dans le phénomène de la vie, ces deux principes restent manifestement irréductibles entre eux dans cette étreinte dont les fins nous échappent et demeurent impénétrables pour l'homme actuel. Or, ce conflit n'est que temporaire ainsi que l'indique le fait cosmique de la formation et de la désintégration des globes, ainsi que celui des éclosions et des destructions vitales, détails passagers d'un ensemble passager. Et ce qui ressort de la marche évolutionnaire de la vie, se transformant et progressant continuellement dans le sens d'un but défini qui implique une volonté consciente, c'est la perspective d'un supérieur dénouement vital. Que pourra être ce dénouement pour les âmes, sinon une réintégration en l'Esprit pur universel de la part spirituelle ou divine qui se révèle dans la vie ? Résumons : La Vie descendue de Dieu remonte à Dieu.

Tel est ce Dieu-Esprit, commencement et fin de nous-mêmes et vers qui vont naturellement les plus secrètes et les plus hautes aspirations de l'homme. C'est à ce Dieu, cause originelle et suprême de nos existences, que nous rendrons un culte désormais rationnel et explicable autant que sentimental et spontané ; aussi élevé et ardent, mais plus éclairé que les cultes des religions du passé.

Terminons ce chapitre en cherchant maintenant si, au lieu de la dénomination un peu abstraite de Principe-Esprit, un nom divin admis, plus familier à nos intelligences ne conviendrait pas mieux dans le culte que nous entrevoyons. Pour cela rentrons en plein courant religieux, humain, celui de tous les temps. Il n'y a pas à en sortir, mais seulement à continuer ce même courant vers l'avenir : Max Muller, plus instruit qu'aucun autre homme des religions antérieures au christianisme a écrit : « On peut dire qu'il n'y a pas eu de religion entièrement nouvelle depuis le commencement du monde ». Le christianisme n'échappe pas à cette remarque générale.

Nous avons déjà constaté la grande part qu'a gardé le sabéisme dans les emblèmes et symboles chrétiens, et quels traits rapprochent le christianisme de l'antiquité religieuse persane et hindoue. La trinité chrétienne : Dieu, Fils et Saint-Esprit a été précédée de la trinité brahmanique. Le nom de Dieu lui-même est le même mot sanscrit *Dæva* qui signifie brillant, attribut évident du soleil, ce qui semble indiquer une origine sabéiste plus lointaine encore. Mais tenons-nous en aux appellations trinitaires que dominait pour les brahmanes, comme domine aussi pour les chrétiens, un seul et suprême Etre divin.

Les théologiens ont assez disputé sur les relations et attributions à reconnaître entre les trois personnes de la Trinité chrétienne mais ils sont tous restés d'accord sur ce point que le Père, le Fils et le Saint-Esprit sont consubstantiels entre eux et ne forment qu'un seul Dieu. Nous verrons là une suffisante conformité avec l'unité spirituelle de la divinité qui est la nôtre, la troisième personne, le Saint-Esprit pouvant, en raison de l'unité reconnue, faire abstraction des deux autres personnes. Tel est le nom divin qui nous paraît avoir le plus de titres à s'imposer et durer dans la religion évoluée que nous entrevoyons comme devant renouer et continuer la religion universelle. Ce nom de Saint-Esprit, si exact et significatif par lui-même, restera de plus un précieux trait d'union entre la forme cultuelle qui s'efface et celle qui se lève et ira se précisant de plus en plus. Puis encore, nous verrons, entre notre foi qui nous fait tous enfants de Dieu et la doctrine qui avait fait du Saint-Esprit le progéniteur miraculeux d'un Dieu fait homme, une autre conformité de dogme en tête d'autres vérités mystiques et représentations symboliques que le christianisme transmettra comme il les avait reçues des religions qui l'avaient précédé. Empressons-nous d'ajouter à ces identifications, la continuité d'un symbole tel que le *Signe de la croix* qui, dans la rénovation cultuelle restera aussi capital que dans la religion chrétienne, comme nous l'expliquons dans le chapitre qui suit.

Loin de nous l'orgueilleuse prétention de tracer ici les lignes précises de la restauration que nous ne faisons que pressentir et annoncer. Cette tâche devra être celle d'ouvriers différents et s'étendre à des années nombreuses. Mais nous ne croyons pas outrepasser les limites qui nous sont permises en pressentant l'avenir de cette appellation divine de Saint-Esprit signifiant littéralement le principe spirituel qui seul est Dieu.

Nous ne pouvions avoir consacré un chapitre à la définition de Dieu, sans qu'après avoir relevé les idées et dénominations anciennes touchant la divinité, nous ne donnions aussi une place à l'appellation, sinon nouvelle du moins d'acception neuve qui pourra prévaloir dans le nouveau culte.

## Le symbole dualiste

« La forme obligée de toute religion — a dit Renan — est le symbole ». Le symbolisme est en effet une nécessité de figuration pour l'esprit humain qui condense ainsi tout un ensemble d'idées et de sentiments dans une seule image. L'art, la science, l'histoire ont leurs symboles. La religion, plus portée encore à figurer l'abstrait de ses visions et conceptions, comment ne connaîtrait-elle pas elle aussi le symbole ? Il devra donc y avoir une symbolique dualiste qui figurera le culte nouveau, comme il en a été pour toutes les grandes croyances.

Quel sera alors le symbole d'une doctrine où l'Etre divin purement spirituel ne sera ni l'entité panthéistique de l'univers animé ; ni le Créateur de la matière universelle ; ni le Souverain tout puissant que voient les autres religions ? Quel symbole conviendra à un Principe supérieur au Principe matériel, co-éternels tous deux, le premier pénétrant à son gré le second pour des fins qui restent hors de la portée de notre esprit limité ? Comment figurer une doctrine qui fait de ce principe spirituel, non le Créateur universel, mais seulement l'ordonnateur des mondes et l'animateur des vies que ces mondes voient éclore ? Par quoi représenter dans l'évolution universelle les deux phases de la temporaire conjonction de deux principes : celle de la descente de l'Esprit dans la Matière, puis celle du retour de l'Esprit à sa pure entité ? Quel signe symbolisera le culte qui préparera nos âmes humaines à leur retour, tantôt proche, tantôt retardé, mais tout de même final en l'Ame universelle, en Dieu-Esprit ?

Nous avons pu jusqu'ici mettre toute notre application à observer les faits généraux de tout ordre et, par leurs rapprochements réciproques, voir une loi dualiste présider à toute évolution physique ou vitale. Il n'en est plus de même pour la conception d'une image symbolique œuvre toute d'impression spontanée et de figuration mentale et sentimentale, répondant à la pensée commune de l'ensemble des croyants. Cette unique image emblématique d'une croyance, chaque grand mouvement religieux l'a su concevoir. C'est ainsi que le Bouddhisme est figuré dans le lotus à forme triangulaire rappelant les trinitaires pouvoirs créateur, conservateur et rénovateur ; que le Mazdéisme l'est par l'image contrastée : Lumière-Ténèbres ; c'est ainsi que l'Egypte mystérieuse plaçait le sphinx devant ses temples ; que le Maître redouté de l'Olympe était représenté par le trait brisé du tonnerre; que tout le christianisme populaire a tenu dans la figure du crucifié. La mentalité populaire peut même perpétuer un symbole d'emprunt tel que le croissant de l'ancien culte nocturne d'Astarté immémorialement gravé dans l'esprit des populations sémitiques et que le mahométisme s'adapta en tant que date du mois lunaire d'un épisode de sa fondation. Il y a surtout le symbole solaire resté du sabéisme primitif et dont tous les cultes ont conservé quelque figuration.

Arrêtons-nous maintenant au signe de la croix très antérieur au christianisme et le plus ancien sans doute après celui du soleil. Ce fut d'abord le signe du culte du feu que figuraient les deux batonnets restés un souvenir sacré et dont un frottement rapide et patient donnait naissance à l'apparition de l'étincelle divine. Après cet emblème, la croix représente encore d'autres signes tels que la descente hermétique de l'Esprit dans la Matière, d'un ésotérisme très ancien, qui se symbolisait par le croisement de deux traits figurant leur réunion. L'emblème de la croix est de tous les temps ; il se voit gravé sur des pierres ayant appartenu à des monuments de la plus haute antiquité, il se rencontre mêlé à des débris d'ornements ou de parures des âges les plus reculés.

En s'appropriant ce signe vénéré, le christianisme lui a donné une autre signification, mais un certain temps se passa avant qu'elle fut fixée. A l'intersection des lignes zodiacale et méridienne, à l'équinoxe du printemps inaugurant le triomphe du Soleil, c'était, à l'aurore du christianisme, sous le signe du *Bélier* qu'avait lieu le croisement et, durant plusieurs siècles, ce fut le Bélier ou *Agneau* qui figura d'abord sur la croix chrétienne. La forme humaine du Christ n'y fut substituée que plus tard. Ceci est encore un trait de la persistance du culte sabéiste s'imposant au christianisme naissant. Toutefois au lieu d'un instrument de supplice, nous verrons dans la croix se continuer le principal emblème de la restauration religieuse, avec une plus mystique et plus vraie signification, comme aussi se gardera, avec une autre interprétation également, la suprême personne divine du Saint-Esprit.

Cette croix renouvelée n'admet plus l'adjonction de l'Agneau équinoxial des premiers temps du christianisme et encore moins celle du supplicié du Golgotha. Toutefois si une image toujours symbolique doit s'y ajouter, hé bien ! *au lieu du sinistre cadavre, que ce soit plutôt, devant cette croix, et debout comme elle, mais les bras étendus en attitude d'invocation, une autre figure, vivante, celle-ci, aux traits inspirés, aux yeux levés vers l'espace infini et symbolisant en vérité l'aspiration religieuse du retour de l'âme humaine à sa pure origine, à son immatérielle patrie spirituelle et divine.*

La croix chrétienne devenue la croix dualiste, restera donc le symbole religieux par excellence. Et jusque dans le geste saint dont se signent les fidèles en tous leurs actes de piété, se continuera la plus respectable et attachante pratique cultuelle du christianisme et même de tout le passé religieux de l'humanité.

Le nom de symbole est donné aussi à l'expression résumé d'une croyance. C'est ainsi que dans la religion chrétienne, il y a le symbole des apôtres qui fut admis après quelques variations, puis finalement maintenu ensuite, tel qu'il dure encore, dans toutes les Eglises chrétiennes.

Ce Dieu le Père, éternel créateur bénévole du Ciel et de la Terre ; ce Jésus-Christ, son fils unique, conçu dans le sein d'une Vierge par l'opération du Saint Esprit ; ce Christ mort, enseveli, descendu aux enfers, puis ressuscité et monté au Ciel ; cette croyance à la résurrection des morts, à la Sainte Eglise, prêtent évidemment au doute, autant que le ciel et l'enfer chrétiens tout aussi raisonnablement impossibles. Ces actes de foi révèlent une conception de Dieu, un mythe, une puissance sacerdotale qui ne répondent, ni à des réalités positives, ni à la liberté du sentiment religieux. Le principe divin que nous concevons, co-éternel avec la matière universelle, présent et actif dans la genèse et l'évolution des mondes, et ne s'alliant cosmologiquement au principe matériel que pour remonter ensuite par la Vie à son intégrité spirituelle ; ce pur principe, disons-nous, a pu être entrevu dans un ésotérisme chrétien, conservé en partie chez les gnostiques, mais il s'éteignit, et le dogme absolu enseigné et imposé depuis à tous les fidèles par l'Eglise n'en a gardé aucune trace et est resté l'inflexible foi qu'aucune raison n'est admise à examiner et discuter.

Ce dogme de la Trinité chrétienne est une métaphysique abstraction qui se comprend peu, puisqu'elle représente le seul et même Dieu, et elle a eu d'ailleurs une assez laborieuse évolution dans l'Eglise, car la personne du Fils n'y prit place qu'assez tard, lorqu'il fut tenu comme consubstantiel au Père. « Le Dogme chrétien — dit Chateaubriand dans son *Génie du Christianisme* — paraît emprunté à l'école de Platon». Celle-ci en effet, a aussi sa part dans l'édification de la théologie chrétienne. Il y a, en outre, nous l'avons aussi reconnu, dans la succession des formes cultuelles, une sorte de filiation et d'embryogénie religieuse où les formes récentes conservent et s'adaptent des substructions provenant des cultes antérieurs. L'évolution religieuse, comme l'évolution vitale, a son transformisme et ses hérédités, et dans cette marche avançante, c'est en grande partie, de matériaux anciens que sont construites les édifications nouvelles appropriées aux temps nouveaux.

Pour ce qui est de notre présente époque détachée des vieilles croyances, empressons-nous de dire qu'aucun esprit d'hostilité ne doit s'élever contre la forme cultuelle attardée et appelée à se rénover, à évoluer vers une autre forme plus accomplie. Selon notre sentiment, il n'y a à renverser aucune église, à abattre aucune croix, mais seulement à remplacer les emblèmes délaissés par d'autres portant le signe du culte rénové.

Et cela, sans transition violente, à mesure uniquement que progressera la foi nouvelle. La croix chrétienne pourra rester debout, mais, qu'on en détache ce corps humain tourmenté et sanglant, qui depuis tant de siècles ne symbolise que trop le détournement juif d'une religion qui fut d'origine et de pensée aryennes, mais où l'on fit du Christ un personnage juif. En un mot *il faut* DÉJUDAÏSER *le christianisme.*

A l'élan tout d'amour qui devait animer ce christianisme, le sombre esprit judaïque a pu substituer l'effroi d'une terrifiante image d'horreur. Au lieu du gibet de Jérusalem, revenons à la mystique croix ésotérique Esprit-Matière, c'est-à-dire à la croix dualiste, en deux traits inégaux, symbole significatif des deux Principes, le supérieur et l'inférieur, se pénétrant l'un l'autre sur la scène universelle et particulièrement en l'homme qui est donc en vérité fils de Dieu par le principe spirituel qui est en lui.

## Le dogme. — La prière

Le dogme dualiste a été assez clairement dégagé dès le commencement de ces pages qui vont se terminant. Mais l'importance de son énoncé, surtout en religion, est trop capitale pour que nous n'en résumions pas les bases essentielles qui peuvent se ramener à ces trois points doctrinaux :

*Premièrement* : L'évident dualisme des deux principes Esprit et Matière, co-éternels dans l'infini universel et sans l'opération réciproque desquels il ne saurait y avoir d'évolution, ni cosmique, ni terrestre, ni humaine.

*Deuxièmement* : L'Esprit initiateur de toutes les évolutions cosmiques restant universel en dehors d'elles et manifestement doué des attributs d'Intelligence, Volonté et Force, avec la qualité de Personne divine que nous appellerons Saint-Esprit ou Dieu, non pas créateur, mais ordonnateur de la substance matérielle et éternelle des mondes.

*Troisièmement* : Présence de l'Esprit en toute apparition de vie, celle-ci progressant par espèces, de la cellule vivante jusqu'à l'homme ; soit l'Esprit se dégageant par degrés de l'alliage matériel et déterminant chez l'homme, au sommet de la vie terrestre, le sentiment de la connaissance de Dieu, avec l'aspiration religieuse de son retour en Dieu.

Tout sujet doctrinal pourra être ramené à l'un de ces trois aspects du dogme dualiste.

Le Principe-Esprit éternellement immanent en dehors et au-dessus de l'univers cosmique, constitue en soi la personne de Dieu et continuera d'être l'objet des invocations et des prières humaines.

La prière ! c'est ici particulièrement que se trace la séparation de la religion proprement dite et du déisme philosophique. Le Dieu de la seule raison, conçu sans que se lève ou soit écoutée la voix du sentiment d'attraction divine, est un Etre trop au-dessus de l'homme pour que celui-ci puisse l'influencer et quoi que ce soit. La prière alors, pour les philosophes déistes, ne peut rien sur Dieu et n'est que puérilité. Voltaire reproduit à ce sujet l'argument de Maxime de Tyr : « L'éternité des desseins de Dieu fait que la prière est, ou inutile si elle va contre ses desseins, ou inutile encore si elle concorde avec ses desseins ». Jules Simon cite de son côté cette prière que Socrate recommande à Alcibiade : « Souverain Jupiter, donne-nous ce qui est bon, soit que nous t'en priions, soit que nous ne le désirions pas, et éloigne de nous ce qui est mauvais, alors même que nous te le demanderions » soit un autre aspect de la même inutilité de la prière.

Jules Simon, dans sa *Religion Naturelle* plus pensée que sentie, plus théiste que religieuse, ne voit que contradictions entre la satisfaction de prier et l'inefficacité de la prière, celle-ci « ne pouvant rien changer ». Mais, bien que Dieu n'ait pas besoin de notre culte, nous pouvons néanmoins, pour notre satisfaction, « lui rendre hommage par la prière ». Emmanuel Kant pour qui la religion et la morale ne sont qu'une seule et même chose, voit nos devoirs envers Dieu se confondre avec ceux que réclament nos semblables ce qui, en réalité, n'en fait que des devoirs envers l'homme. Ainsi encore, même inutilité de la prière pour le célèbre philosophe allemand.

L'on comprend très bien que la conception effective d'un Etre Suprême, créateur de tout ce qui existe y compris nous-mêmes, portera à admettre un déisme nécessaire qui s'impose à la raison, et ce sera alors raisonner logiquement, en effet, que de nier à la créature la faculté de rien détourner des plans préconçus du créateur. Dieu, ainsi compris, la déduction est juste et, pour un esprit raciocinant et ne tenant compte que de la seule intellectualité se suffisant à elle-même, la cause de la prière est jugée sans appel : un bénévole hommage intérieur de l'homme à Dieu, et la raison est satisfaite.

Une compréhension plus entière et faisant une place au fait d'attraction sentimentale, à part de la logique, viendra redresser le jugement qui est à porter sur la valeur de la prière. Dieu-Esprit de qui nous participons, ainsi que nous l'avons déjà compris, n'est plus autant le Maître intangible et inaccessible aux rapprochements de l'homme qui est une part de lui-même. Nos âmes, si alourdies de matière qu'elles puissent être, ont leur part d'action en la grande œuvre mystérieuse des fins cosmiques et vitales, œuvre divine au cours de laquelle s'épure progressivement leur spiritualité ; et sur cette voie de rapprochement, nous voyons alors la prière devenir l'élan, l'attraction, le langage, peut-on dire, de notre plus intime et suprême aspiration.

L'œuvre de vie en général, et particulièrement la destinée humaine, d'essor spirituel, comment s'accomplirait-elle sans continuité de liaison entre elle et l'Ame universelle dont elle émane ? Participante du Principe actif, l'âme humaine ne doit-elle pas avoir, dans son rôle terrestre, une certaine action propre et effective, bien que limitée, celle précisément qui explique ce qui existe chez l'homme de libre arbitre ? Et n'est-il pas alors assez compréhensible que par l'adoration, par la prière, l'âme individuelle communique en ce moment davantage avec l'âme universelle et en reçoive alors des clartés supérieures, ce que les chrétiens ont appelé la grâce divine ? Ces élans d'élévation spirituelle de détachement terrestre ne sauraient être vains. Seuls le recueillement, la prière feront entrevoir cet Au-delà, prépareront cette « fusion en Dieu » en anticipation de nos suprêmes fins.

Pour que les hommes aient toujours connu et pratiqué l'invocation divine, il faut bien que ce soit là un essor naturel et produit par quelque incitation secrète qui leur soit propre, rien n'ayant lieu sans cause. Cela est un fait aussi positif et constant que tout autre fait expérimental, de ceux dont seulement tient compte la science exacte. Ne peut-on, au même titre octroyer au fait universel et invariable des invocations divines, de la part de l'homme, le caractère de vérité expérimentale ? Maintenant, que l'expression donnée à ces élans naturels ne soit pas d'ordinaire à la hauteur de l'objet qui les détermine ; que les natures frustes et communes, qui sont le grand nombre, ne ressentent et n'expriment que de faibles et égoïstes aspirations, il n'en saurait être autrement de ces natures inférieures. Les âmes fortes et voyantes auront d'autres extensions spirituelles et sauront seules donner à la prière l'élévation qu'elle doit comporter. Ce n'en est pas moins la même attraction qui a toujours incliné les âmes de tous degrés à la prière, qui a fait les existences tout de mysticisme des pieux solitaires et des religieux de foi sincère qui se refugient dans les cloîtres pour y finir leur vie avec Dieu pour unique objectif.

Nous faisons ici la part des pratiques superstitieuses. Ce qu'elles peuvent avoir de puéril et de vain n'est pas assurément à soutenir, mais n'est pas à mépriser tout à fait non plus. C'est le grossier aliment cultuel des simples de qui l'on ne peut exiger des aptitudes qui ne sont pas en eux.

La prière, néanmoins dévie du pur élan direct de l'homme à Dieu lorsqu'elle emprunte trop le caractère de la supplique humaine tournée vers le seul objet de satisfactions et de convoitises personnelles. De même qu'un vulgaire solliciteur cherchera à se rendre favorable jusqu'à l'entourage du dispensateur qu'il espère fléchir plus efficacement par l'intercession d'un proche, on voit aussi le dévot suppliant adresser d'abord sa prière aux génies, aux saints qu'il désire se rendre propices. Cet amoindrissement de la prière, après tout, est une chose très humaine et s'est toujours vue dans la pratique des religions même les plus conscientes de l'omnipotence du seul Dieu souverain. ; les livres des Perses — dit François Dupuis — contenaient à chaque page des prières dirigées aux astres, aux fleurs, aux éléments, instruments de la divinité ; chez les Païens, Jupiter était peut-être le moins invoqué des dieux de l'Olympe. Le Mongol s'adressera de préférence à quelqu'une des nombreuses divinités secondaires qui peuplent les cieux du Bouddhisme et chez les Catholiques, ce n'est pas une, mais quantité de vierges miraculeuses, c'est une infinité de saints ou d'anges qui sont, plus que Dieu le Père, l'objet des dévotions et des prières particulières et publiques.

Tout ce qui précède devait être rappelé pour envisager sans parti pris l'objet qui nous occupe présentement, pour constater l'usage universel de la prière, pour établir la différence entre la prière simpliste mal dirigée des âmes à peine ouvertes au sentiment religieux, et le pur élan du rapprochement mystique entre l'homme et Dieu. C'est à cette dernière élévation mentale et sentimentale que conviera le culte de Dieu-Esprit, sans laisser pourtant d'offrir le même accès de toujours aux aspirations de tous degrés et de permettre la pratique de piété journalière où se complaisent les natures foncièrement dévotes. Que d'afflictions intimes, que d'existences brisées par le deuil ou l'abandon ne supportent leur douleur que soulagées par ces exercices pieux sous l'ombre apaisante et silencieuse d'une église !

Cette hauteur d'effusion spirituelle n'aura pas d'ailleurs attendu la pure forme cultuelle que nous entrevoyons pour se montrer chez les âmes élevées. Elle transparaît dans des hymnes sublimes restés d'époques reculées ; dans l'extase divine qui, en tous les temps, ravit quelques âmes plus exceptionnellement spiritualisées.

La prière de la religion du Saint-Esprit unifiera, résumera, élèvera pour tous les hommes le besoin naturel de prier. Elle épurera l'essor divin trop souvent dévié ou faussé. Elle confondra l'esprit philosophique pour qui elle n'était qu'objet sans utilité. Elle fera l'union religieuse future par invincible attraction, cette fois bien comprise de Dieu à l'homme.

## Le Culte

Nous avons fait ressortir assez le caractère propre du sentiment et de l'élan religieux qui sont en nous pour n'avoir pas à répéter que les erreurs, les folies mêmes d'une croyance mal entendue n'infirment pas la réalité et la noblesse de l'essor spirituel de tous degrés, des âmes vers l'Au-delà. Ce n'est pas au moment où nous entrevoyons une plus positive et lumineuse vérité divine que le besoin et la spontanéité de ces élans auraient lieu de cesser ou de se ralentir. Tous les sentiments, car il s'agit ici de sentiment autant que de conviction raisonnée, veulent l'épanchement et l'expansion et, plus le sentiment est de caractère général, plus l'expression en sera nécessairement collective. C'est pourquoi le sentiment religieux, tout d'attraction et résorption spirituelles, directes de l'homme à Dieu, et, pour ainsi dire, latérales d'homme à homme, veut, plus que tout autre sentiment, l'expansivité collective qu'il a toujours montrée. Le sentiment si doux et si élevé de bonté n'est pas autre chose encore que cette attraction spirituelle latérale se portant jusque vers l'animal, et dont l'essence, sous le nom qu'on lui donne d'humanité, ne saurait autrement s'expliquer. La bonté naturelle se manifeste plus ou moins active selon la spiritualité ou la matérialité dominante, et une spiritualité supérieure se reconnaîtra aussi bien dans le sentiment d'amour pur ultra charnel dont sont susceptibles les âmes nobles. Ces humaines inclinations se montrent déjà parentes du sentiment religieux.

Prétendre ramener le culte, comme l'entend le déisme philosophique, à un hommage intime et personnel, sans expression extérieure, c'est absolument méconnaître le ressort le plus incoercible de la nature humaine. A la puissance de ce ressort ont été dûs, les sacrifices, les abnégations les plus héroïques. Innombrables ont été les martyrs de la foi religieuse. Tout s'efface devant l'exaltation d'âmes auxquelles semble seulement s'ouvrir la porte du divin avenir : C'est cette foi religieuse, ou même fanatique, si l'on veut, qui, aux époques de renouveau de la croyance, redresse et électrise tout un peuple ; qui lança sur l'Afrique, l'Asie et l'Europe,dans une irrésistible impulsion de prosélytisme conquérant, les hordes jusqu'alors contenues et presque ignorées de ces Arabes que Mahomet sut exciter d'un fanatisme qui dure encore ; c'est elle qui fit l'étonnante épopée des Croisades et qui avait suscité l'émulation du martyre chez les premiers chrétiens. C'est cette puissance d'essor religieux latente par époques, débordante en d'autres temps, qui, plus éclairée et mieux dirigée, se reverra encore et transfigurera une humanité aussi déprimée et démoralisée, aussi tournée contre la religion, que celle que prétendent façonner à leur image nos libres penseurs d'aujourd'hui.

Alors même que se montre ostensiblement quelque retour, plus apparent que réel, aux pratiques cultuelles, c'est moins à un mouvement sincère que cette reprise est due, qu'à un esprit de protestation et de réaction suscité par les attaques et les violences dont les consciences sont l'objet de la part d'un Pouvoir athée et subversif. Or, si le catholicisme n'était pas compromis par ses propres défaillances, ce ne seraient pas les ennemis du culte qui pourraient l'abattre et le frapper de mort, quoi qu'ils fissent. Une religion ne s'efface que devant une autre religion prête à la remplacer. Et là gît toute la question religieuse de notre temps. Une foi aussi dogmatiquement contraire que le christianisme à la vérité naturelle, du moins en ses affirmations anti-scientifiques, ne saurait se recommander plus longtemps à l'esprit raisonneur de notre époque. Mais, au contraire, un dogme aussi conforme à la connaissance positive et à la raison que celui du Principe-Esprit, lequel répond en perfection au sentiment religieux qui veille toujours dans l'âme humaine, s'imposera aux intelligences et aux âmes, et relèvera le culte.

Ce que sera ce culte nouveau en ses formes rituelles, ses exercices pieux et son enseignement public, tout ce qu'on en peut dire, c'est qu'il aura lui aussi ses temples et son cérémonial, comme, avec ou sans ésotérisme réservé, il en a fallu à tous les cultes pour extérioriser la croyance et faire le ralliement religieux populaire. Cela ce sera la tâche inspirée de ses futurs organisateurs. Aux mêmes ouvriers il reviendra d'examiner tous les matériaux essentiels des anciennes religions, y compris les sacrements qui sanctionnent les phases principales d'une vie humaine, et de voir ce qui mérite d'en être conservé. Ils auront à se décider et se prononcer sur des articles de foi et sur des questions telles que l'idée de rédemption, base des doctrines bouddhique, judaïque et chrétienne, idée très compatible avec le sentiment qu'éprouve l'âme humaine d'une sorte de déchéance terrestre ressemblant à un châtiment divin ; telles que la sanction de justice divine que comportent les actions, soit vertueuses, soit criminelles. Cette œuvre de dogmatisme ne pourra être que très laborieuse, mais nous confions qu'elle s'élucidera et s'accomplira à la lumière de la pure vérité dualiste.

Nous croyons, quant à nous, que la symbolique poésie des antiques cérémonies et pratiques du culte héréditairement gravées dans les cerveaux et dans les cœurs, choses devenues presque inséparables de la pensée religieuse, mérite d'être maintenue avec appropriation nouvelle. Le culte de l'Esprit-Saint n'en sera pas diminué parce que de vénérables mythes, symboles et emblèmes imprégnés du sentiment du divin continueront de rappeler tout le passé cultuel de l'humanité entière.

Les enchaînements d'une aussi ancienne et aussi longue évolution religieuse demandent à être continués et non pas brisés. Les fêtes et figurations cultuelles conservées du paganisme, et des plus anciennes croyances, ont-elles empêché l'essor et la durée du christianisme ? N'ont-elles pas au contraire, aidé cette dernière religion de leur antique prestige ? La Messe (offrande des moissons) figuration de très anciennes cérémonies de sacrifices, n'est-elle pas encore aujourd'hui l'office principal du culte catholique? En ses églises, dont les primitives sont orientées vers le Levant face au Soleil ; à cet autel devant lequel brûle la lampe du sanctuaire ne devant jamais s'éteindre, souvenir du culte du Feu ; sous les invariables six cierges figurant les six planètes seules connues des Anciens ; ayant à son centre le tabernacle où se tient la représentation solaire du Saint-Sacrement ; tandis qu'autour intérieur de l'église s'échelonnent les douze stations zodiacales, ici christianisées en chemin de la croix, l'officiant encore revêtu des ornements peu modifiés des prêtres des cultes précédents, après avoir béni avec l'eau lustrale des Anciens les fidèles assemblés, formule les invocations qui furent de tous les cultes, récite des prières dont une notamment, le *Pater*, est textuellement, croit-on, d'origine chaldéenne. Toutefois ce qui s'y entend d'uniquement chrétien et que pourra conserver le culte rénové comme lui appartenant en toute vérité, c'est ce solennel *Et homo factus est* à l'audition duquel les fidèles se mettent à genoux en courbant le front. La messe catholique ne présente rien de plus divinement vrai. Il n'y a pas à comparer à cette haute affirmation spirituelle, le figuratif rappel du sacrifice antique où, en place de la victime égorgée, humaine souvent, c'est l'hostie que l'officiant tranche, comme d'un couteau, du bord de sa patenne; et pas davantage le *Credo* très imposant, mais qui ordonne une crédulité impossible.

D'aussi anciens et attachants documents cultuels ont leur vérité historique. On n'appellera donc pas mensonges les figurations, les allégories, les personnifications, les mythes même discutables dans lesquels s'est concrété la pensée religieuse depuis les temps les plus reculés. Les rites et cérémonies du culte rénové en pourront conserver les traces, ne serait-ce qu'en témoignage de filiation religieuse.

Il est à croire que tout homme insoucieux de religion, mais averti de ce passé cultuel de l'humanité entière, et amené, ne serait-ce que pour sa distraction, à l'office dominical, sera bientôt intéressé par tout ce que le cérémonial qu'il a sous les yeux dira à son esprit. Pour peu qu'ensuite il soit sensible au charme étrange de l'antique plain-chant et aux accords puissants de l'orgue monumentale, tout cet appareil rétrospectif rappelant la foi des générations passées, ne sera pas sans l'émouvoir involontairement. Et les préventions qu'il pouvait avoir en entrant, feront place à l'émoi de se voir en communion, en ce moment, avec des milliers d'années d'humanité disparue.

C'est parce que la religion est un sentiment de caractère nécessairement collectif, que son expression cultuelle fut toujours collective. Il n'est pas de peuple ni de temps qui n'ait connu les manifestations religieuses et n'ait bâti des temples pour les célébrer en public. Dans tous les édifices du culte, quelle que soit la croyance, se reconnaît la même expression, le même caractère de respect, d'humilité humaine devant l'idée sévère de la représentation divine. En ces rendez-vous de la dévotion, l'esprit religieux s'est donné carrière : demi-jour discret, silence impressionnant, hautes voûtes où monte l'écho des moindres bruits, jeu chatoyant du feu des cierges et des lampes, formes mystérieuses se détachant dans l'ombre, tout cet art n'est que traduction et non invention du sentiment religieux. Cet art est tout spécial en ses créations variées : l'architecture, la peinture, l'ornementation y prennent un aspect propre qui ne se confond avec aucun autre. A quelque culte que soit dédié un temple, l'art qui s'y trouve affecté est un art religieux ou, s'il s'écarte de ce caractère, il manque son objet.

Mais, en outre de cette marque commune à tous les édifices du culte, l'esprit qui est particulier à chacun d'eux se décèle et les distingue les uns des autres à première vue, notamment dans le style extérieur employé : Avant tout imposant et superbe, écrasant de majesté quand le temple jupitérien représente la demeure du Maître céleste absolu, craint des dieux et des hommes, l'art religieux ruisselle de merveilles architecturales et sculpturales multiples et changeantes, avec la pagode bouddhique où règne la pensée des prodiges et des avatars successifs du culte le plus riche qui soit en conceptions et figurations divines ; la mosquée avec la grâce infinie de ses arcs et leurs frêles supports, ses rêves d'arabesques d'or et d'azur, ses audacieuses élancées de sveltes minarets pointant vers le ciel, parle visiblement d'un poème de beautés idéales qui se réaliseront pour les sens autant que pour l'âme des croyants que récompensera le paradis de Mahomet.

Mais, entre les diverses architectures propres au culte, l'art ogival, né en France, d'où il se répandit pour édifier de tous côtés ses admirables cathédrales, est celui qui a le plus approché l'expression vraie de l'adoration religieuse avec ses bras de pierre levés au ciel et se joignant à leurs extrémités comme des mains suppliantes. Cet arc brisé fournira le trait inital qui engendrera et commandera jusqu'aux derniers détails de l'édification entière. Le style gothique, avec ses successifs épanouissements, aura marqué et interprété une époque unique de foi religieuse, de mysticisme exalté où l'amour divin, ce progrès sentimental qui a fait la grandeur du christianisme, transparaît sous l'erreur même du dogme. Le style bysantin, aussi sincère, aura précédé puis accompagné le gothique, mais sans l'égaler.

En fait, c'est à leurs temples que tous les peuples ont réservé leurs plus grandes magnificences et c'est le culte qui a été le premier inspirateur de l'art de chaque époque. Où sont, quand viendront les architectes, les artistes de l'expression religieuse nouvelle pour les temples de l'Esprit-Saint ? C'est ce nouvel art spiritualiste qui renouera la chaîne rompue de la figuration artistique religieuse, après plusieurs siècles d'interruption. Et son ancêtre le plus direct aura été l'art qui a créé ces sublimes cathédrales gothiques, merveilles de France, d'Angleterre, de Belgique, d'Allemagne, d'Autriche, d'Italie, d'Espagne qui rivalisent entre elles de magnificence et d'idéal religieux.

Mais il n'y a pas à admirer et aimer seulement la basilique superbe, il y a aussi l'humble église de campagne, le modeste clocher ayant à ses pieds le village, pour mettre un idéal au-dessus de la vie matérielle et bornée des champs ; pour évoquer une spiritualité qui serait absente de ces lieux si l'église disparaissait, cette vieille église habituée, familiale, qui a vu plusieurs générations naître et disparaître. Cette humble flèche n'a-t-elle pas elle aussi sa cloche parlante qui, le soir, à l'heure du crépuscule, met une paix et une mélancolie dans la plaine ou sur la colline, avec ses notes tristes et lentes de l'*Angélus* ? La cloche, l'orgue, encore deux choses du christianisme que le culte futur gardera.

Comme la rigide synagogue ou le temple protestant glacial sont loin de tout cela !

En attendant, avec peu d'adjonctions ou de substitutions, toute église catholique qui viendra à être délaissée se prêtera au culte renouvelé. D'ailleurs l'ancienne et la nouvelle forme cultuelle pourront longtemps se maintenir côte à côte, le christianisme ayant perdu son ancien pouvoir dominateur, et le culte spirituel restant respectueux du culte finissant, car la sincérité même de la renaissance religieuse l'aura rendue tolérante à toute pratique de croyance sincère, et ennemie seulement de l'irréligion. Rappelons ici ces paroles d'un catholique, le père Carrel : « J'aimerais mieux voir un pays catholique devenir protestant que de le voir déchristianisé ; j'aimerais mieux le voir déchristianisé que de le voir privé de toute religion ».

La nécessité du temple fait nécessairement aussi l'indispensabilité du desservant, de l'officiant, de l'homme vocationnellement adonné à l'exercice et à l'enseignement du culte. Tout a été dit sur ce qu'on a appelé le rôle menteur et exploiteur du prêtre. L'humanité actuelle tout entière a ses débilités, ses tares, ses erreurs de nature qui servent parfois d'acheminement au bien et au vrai. Mais cette humanité trop souvent subversive a cependant aussi ses bons côtés, et, non moins qu'aucun autre, le bon prêtre sait user des faiblesses de la nature humaine pour servir le bien, la morale et la part de vérité religieuse contenue dans la religion établie. Et ce rôle sacerdotal nécessaire, dépouillé des artifices, à présent sans valeur, que permettaient les religions imparfaites, les directeurs de l'exercice du culte nouveau, ouvert à toutes les sincérités, le rempliront avec d'autant plus de conviction éclairée que la foi nouvelle n'imposera aucune abdication mentale à ses serviteurs.

Nous n'avons pas à examiner ici la question d'organisation ecclésiastique laquelle regardera les fondateurs effectifs, ni les côtés pécuniaires qui en permettront l'existence. Pour ce dernier point, nous estimons, quant à nous, qu'une société bien réglée se doit à elle-même de subvenir budgétairement à tous les services publics, entre lesquels doit se comprendre le service des cultes. La moralité sociale autant que la dignité sacerdotale, ne saurait aucunement admettre des pratiques mercantiles pour l'entretien des choses de la religion et de ses desservants.

Un tel corps sacerdotal représentera un collège savant autant que cultuel, passionné pour les recherches rétrospectives et même futures du mouvement religieux dans le monde. Et le culte, orienté seulement alors dans sa véritable voie, plus et mieux que jamais guidera l'humanité vers ses dernières destinées sur la Terre et dans l'Au-delà.

*
* *

Terminons en exprimant l'ardent souhait que ce livre vienne à tomber aux mains de frères en pensée et sentiment qui auront la satisfaction de trouver en ces pages sincères, mais bien insuffisantes, la doctrine qu'ils pressentaient.

Si, parmi eux, il s'en trouve qui soient doués des rares et généreuses aptitudes de l'apostolat et de l'organisation pratique, et jugent bon de faire leur cette doctrine, une magnifique et mondiale perspective de création cultuelle, dont l'heure est venue, s'offre à leur zèle et à leur foi. Il faut bien que la pure vérité se fasse jour, avec le temps, en religion comme en tout.

---

# TABLE DES MATIÈRES

## PREMIÈRE PARTIE



## DEUXIÈME PARTIE




Poitiers. — Imp. M. Bousrez.

Documents manquants (pages, cahiers...)

NF Z 43-120-13

www.ingramcontent.com/pod-product-compliance
Ingram Content Group UK Ltd.
Pitfield, Milton Keynes, MK11 3LW, UK
UKHW020250250726
13967UKWH00004B/1593

9 782012 845558